U0077095

學會穩收息
養出我的搖錢樹

MissQ ◎著

目錄

【第4篇】

買 REITs 當商場包租公

【第5篇】

買特別股 享優先配息權

【第6篇】
買債券 ETF　力抗股市空頭

【第7篇】
擬定策略　打造收息金庫

自序

準時抵達財務自由人生

在 50 歲前提早財務自由是許多人的夢想，不為五斗米折腰也是我工作以來的夢想；設定目標容易，但怎麼達成卻是大難題。要怎麼樣透過投資方式來達到 50 歲前退休呢？哪一種投資方式勝率比較高？這些問題一直困擾著我。

記得剛畢業時，下班後常常跑到書店，將財務報表、技術分析、基金投資術到權證翻倍術……等題材的投資書都讀過一遍，也親身投資股票、基金、權證等工具。

記得當時坊間專家都說，年輕人可以將手中 100% 資金投資在股票上，或是定期定額投資基金 15 年，若能賺到每年 7% 的報酬，就能擁有一筆可觀的資產。但是接連歷經 2000 年科技泡沫、2001 年美國 911 事件、2003 ～ 2004 年 SARS 疫情，當時在金融業工作的我，見證到股市與基金投資人哀鴻遍野的慘況。

雖然長期投資股票可能有爆發性的成長，但是當時的我自問：「倘若正準備要退休，卻接連遇到股市泡沫、恐怖攻擊事件、疫情爆發，那麼規畫中的財務自由一定會遲到，甚至白忙好幾年；是不是應該找尋另一種更穩健的投資方法，即使發生不可預期的大事件，仍可讓我準時退休？」

「類債券」商品，遇空頭及降息表現穩健

幸運之神讓我在 2002 年有機會接觸到債券商品。其中，海外債券商品在台灣媒體其實資訊真的很少。當時美國公債及美國房貸證券（詳見註 1），以 5 ～ 7 年中天期債券而言，殖利

註 1：美國房貸證券主要發行商包括：
①美國聯邦國民房屋貸款協會（Federal National Mortgage Association，簡稱 FNMA，以下稱 Fannie Mae）。
②全國房屋貸款協會（Government National Mortgage Association，簡稱 GNMA，以下稱 Ginnie Mae）為美國政府機構，隸屬於住宅與都市發展部。
③聯邦住宅貸款公司（Federal Home Loan Mortgage Corporation，簡稱 FHLMC，以下稱 Freddie Mac）。

率大約 5%。

由於海外債券市場入手門檻高（最低門檻多要 5 ～ 10 萬美元），加上利率與動輒幾根漲停板的股票報酬率相比，很難獲得普通投資人的青睞。但是，如果每年可以賺 5%，複利 20 年下來，本金將會成長 265%；也就是說，想在 20 年後擁有 1,000 萬元，現在僅需要存到 377 萬元，等待 20 年後就可以準時達成擁有 1,000 萬元的目標。

換句話說，若將我的退休金目標由 1,000 萬元換成 377 萬元，這樣每存到 37 萬元，20 年後的財務自由達成率就為 10%；換成這樣子的思考模式，財務自由的目標瞬間不再遙不可及，財務自由達成率也大幅提高。

想通了這一點之後，我開始積極存錢。先從債券基金入手，累積到足夠金額後入手海外債券，接下來再擴大到其他「類債券」領域（非債券但具備穩定配息功能的標的，如特別股、REITs）。

此後，我又繼續歷經了 2008 年金融風暴，美國 4 次的量化寬鬆（Quantitative Easing，簡稱 QE）。觀察債券及類債券等收息資產，即使處在空頭環境，不但能賺取穩定配息現金流；更重要的是，在降息環境當中，更因為利率往下，這些收息資產的價值反而大大增值；原本預設每年 5% ～ 6% 報酬率，再加上額外的利差，每年可達到接近 10% 的報酬率，不輸股票的平均表現，也縮短了我原本預計需要 20 年的退休準備期間。

2020 年上半年在全球疫情肆虐下，全球經濟衰退，美股更數次發生難得一見的「熔斷」，收息資產不但展現抗跌優勢，甚至有避險效果。2020 年 3 月，聯準會將美國基準利率一口氣降到零，並同時間推出穩定公司債市場方案：包含 PMCCF（Primary Market Corporate Credit Facility）購買初級市場公司債方案，及 SMCCF（Secondary Market Corporate Credit Facility）購買次級市場公司債及債券 ETF 方案。

除公司債方案外，聯準會也繼續推出 QE 政策，無限購入美國公債及美國房貸證券；其他各國央行紛紛跟進降息＋ QE，不但拉抬全球債券市場，並提供市場低利率資金，進而使所有收息資產的評價上升。2020 年 1 ～ 9 月公債 ETF 含息報酬率最高有 16%，台灣掛牌 REITs 平均含息報酬率則有 12%，實現了降息環境下「穩定收息＋賺價差」的高獲利模式。目前美國量化寬鬆仍處於進行式階段，收息資產的行情可望持續。

善用 ETF，一般投資人也能投資債券商品

台灣的投資人普遍都以為，收息資產只有定存跟儲蓄型保單，也對收息資產有眾多迷思，包含：收益太低不值得投資；必須要資金規模夠大才能透過收息資產賺得可觀收益；收息資產門檻很高，屬於大戶或是有錢人才適合投資的商品；交易成本高……等，這些迷思都來自於投資人對收息資產的不熟悉。

其實在台股交易市場也有收息資產可以投資，不但投資門檻低、交易方法與其他台股相同，甚至還有稅負優惠；只是很少投資人熟悉交易所掛牌的新台幣計價收息資產，導致錯過投資機會。2019 年升息末期，我開始於《Smart 智富》月刊撰寫專欄文章〈收息贏家〉，帶領讀者掌握 2019 年債券 ETF 14% ～ 26% 漲幅，翻轉讀者對債券低配息低報酬的既有印象。

2021 年新年伊始，希望透過這本書，以簡單好懂的入門知識，作為讀者的收息投資入門書，帶領讀者在低利率環境，掌

握收息投資的契機。更希望讀者可以善用收息資產在投資組合的優勢，開啟財務自由大門。

MissQ

第1篇

低利時代
必備收息資產

1-1 3優勢加持 收息資產應納入投資組合

什麼是收息資產？答案是，能提供「穩定現金流」的「債券或類債券商品」。台股交易市場裡有沒有新台幣計價的收息資產？有的，主要有3大類——台灣掛牌債券ETF（指數股票型基金）、台灣掛牌特別股、台灣掛牌REITs（不動產投資信託）。

優勢1》3類收息資產可在台股買賣

要特別注意，這裡不包含會配發本金的商品，有些商品所謂的配息，是來自於本金（例如許多高收益債基金），就不在本書的收息資產討論之列。

台灣掛牌債券ETF》收取政府或公司借貸利息

目前台灣市場掛牌的債券 ETF 可大致分為公債、公司債。

如果購買的是公司債 ETF，代表你持有一籃子公司債券，因為債券的意義是公司跟你借錢，因此不論公司是否有賺錢，都會提供你穩定的配息。換句話說，除非這檔 ETF 所投資的公司全部倒閉消失、所有債券都違約，否則投資人每年都能享有穩定的配息收入，配息不來自於投資本金。

公債則是由政府發行的債券，投資公債 ETF 就等於持有一籃子公債，利息通常少於公司債，因政府倒債機率低於一般公司，但穩定度相對更高。

台灣掛牌特別股》收取公司經營獲利

台灣資本市場是一個高股利的金融市場，大多數公司會提供穩定的股利，台灣的特別股發行時就會約定股利。相較普通股股東，特別股股東擁有優先權，所以特別股又稱為「類債券」。跟另外兩類收息資產相比，特別股的現金流相對穩定。

台灣掛牌 REITs》收取商用不動產租金

REITs 的全名是不動產投資信託（Real Estate Investment

Trust），以信託的方式持有多棟商業不動產的所有權，再分割為小單位供一般投資人認購，並於台股掛牌。投資人可以直接在股市買賣 REITs，持有期間也能每年領取股利；而 REITs 的股利主要來源是其持有不動產的租金及所投資金融資產的收益。由於商用不動產租賃市場都是長期租約，因此 REITs 的股利具備長期且穩定的特性。

優勢 2》可創造穩定現金流

持有收息資產主要是為了穩定的現金流，具備 3 效果：

1. 提供投資人「加薪」效果

收息資產的穩定現金流，可以提供投資人「加薪」效果，假設投資 120 萬元在年配息 3% 的商品，每年領取 3 萬 6,000 元的現金收入，換算成每月就是加薪 3,000 元。在職場上加薪不容易，必須要有良好表現及賣力工作，甚至每日兢兢業業，成天看老闆臉色；但透過投資，不需要額外付出時間跟精神討好老闆跟同事，也不需要特別優異的工作表現，只需要累積一筆本金，就可以幫自己穩定加薪。只要維持這份投資，未來離開這家公司後，仍能持續為自己加薪。

2. 提供退休族「充實退休金」效果

退休族可以將收息資產的配息，用來充實自己的退休金，甚至是未來生活費用的補貼；擔心未來退休金不足的投資人，更可以提前布局收息資產，屆時退休時，就可以支應退休生活的現金流支出。

3. 提供股市空頭時的避風港及「加碼股市的資金」

在股市空頭時，通常伴隨著央行降息刺激經濟，支持金融市場；然而降息之後，原先收息資產的配息率，遠高於降息後的市場配息利率，進而讓收息資產價值水漲船高。對空頭市場投資人來說，收息資產提供避險效果，有助於降低投資組合的波動，甚至可以賣出，作為在低點加碼股市的資金。

優勢 3》股市空頭時，收息資產避險且抗跌

由於收息資產本身的固定現金流性質，在股市空頭以及央行救市情境下，特別能展現高度避險與抗跌能力。以 2020 年第 1 季為例，受當時發生全球新冠肺炎（COVID-19）疫情、油價崩盤影響，美股在 2020 年 3 月陸續發生 4 次熔斷（股市漲跌幅過大而暫停交易，詳見註 1）。比較 2020 年 1 月～

3 月全球股市與收息資產的表現，台股大盤累積下跌 19%，美股道瓊工業平均指數下跌 24%（詳見表 1）；而 4 檔台灣股市掛牌的收息資產，含息總報酬率分別如下：

①台灣掛牌債券 ETF——元大美債 20 年（00679B）：上漲 21%。

②台灣掛牌債券 ETF——群益 15 年 IG 科技債（00723B）：上漲 4%。

③台灣掛牌 REITs——兆豐新光 R1（01003T）：上漲 8%。

④台灣掛牌特別股——台泥乙特（1101B）：下跌 0.9%。

可以觀察到，在股市大幅下跌的情況下，債券 ETF 及 REITs 反而呈現上漲，特別股則是持平；可見，股市空頭時，收息資

註 1：「熔斷」為美股的穩定機制，美股盤中並無漲跌幅限制，但若標普 500 指數到達特定幅度，則所有美股暫時停止交易，共分為 3 級，第 1 級：盤中上漲或下跌 7%，停止交易 15 分鐘；第 2 級：盤中上漲或下跌 13%，停止交易 15 分鐘；第 3 級：盤中上漲或下跌 20%，當日休市。2020 年 3 月因新冠肺炎疫情，標普 500 指數觸發過 4 次第 1 級熔斷：
① 2020 年 3 月 9 日開盤後跌 7%，觸發第 1 級熔斷機制。
② 2020 年 3 月 12 日開盤後短時間內跌幅超過 7%，為當月第 2 次熔斷。
③ 2020 年 3 月 16 日開盤下跌 220.60 點，跌幅 8.14%，為當月第 3 次熔斷。
④ 2020 年 3 月 18 日盤中下跌 177.29 點，跌幅 7.01%，為當月第 4 次熔斷。

表1 2020年股市暴跌，債券ETF卻反向上漲
——2020年1～3月各類資產含息總報酬率

大盤指數／證券名稱（證券代號）	類型	漲跌幅（%）
道瓊指數	股市大盤	-24.0
台股加權指數	股市大盤	-19.0
元大美債20年（00679B）	債券ETF	21.0
群益15年IG科技債（00723B）	債券ETF	4.0
兆豐新光R1（01003T）	REITs	8.0
台泥乙特（1101B）	特別股	-0.9

註：資料日期為 2020.01 ～ 2020.03
資料來源：台灣證券交易所、彭博資訊

產的增值與抗跌性，不僅能提供投資人心理面的穩定支持，還能讓投資人擁有資金來源，可掌握逢低加碼的契機。

身處股市多頭環境，投資人經常忽略配置債券等收息資產，認為其報酬率太低；但是當股市空頭來臨，如前述的 2020 年新冠肺炎疫情，全球央行降息救市，若能手握美國公債商品，資產價值不但能逆勢上漲 10% 以上，還可以選擇賣出，運用債券的報酬，在低檔投資股市。

大多數的投資人，平時缺乏配置收息資產的習慣，往往在股災時才想到收息資產的好，反而會陷入要不要追高加碼債券的煩惱，更沒有將債券變現去加碼股市的選項。若要重新配置已經上漲的債券，又會錯過逢低加碼股市的報酬，這一來一回的機會成本，就是沒有提早配置收息資產所造成的損失。

所以，投資人一定要將**收息資產配置在資產組合裡，才能及早享受收息資產的優勢。**用一句話來形容投資很貼切：「市場不等你，機會是留給準備好的投資人」。

1-2
採取年年正報酬策略
長期績效更勝高波動投資

剛開始我跟一般投資人的想法一樣，認為想提早退休，只能靠股票投資，甚至可能需要藉權證、期貨、選擇權以小搏大，企圖提高每筆投資的報酬率，縮短到達財務自由的時間。

不過，實際操作後，卻發現將 100% 資金投入股票相關商品來打造退休金組合有幾個限制：

1. **當投資部位太大，損益金額波動過大而難以管理**：當投資部位很小時，損益波動絕對金額不高，無論是加減碼、停利或停損都相對容易。然而當投資總金額愈來愈龐大時，損益波動絕對金額將會變大，短時間內會產生數十萬元或更高金額的波動，投資難度開始提高，不管在心境上或實際操作上，管理投資部位的難度也變得更高。

2. 無法年年正報酬，複利變「負利」：正報酬可產生複利效果，負報酬卻會產生「負利」效果。市場景氣總是在循環，股票投資顯然無法年年產生正報酬，一旦產生負報酬，年度整體資產反而變成「負利」，讓整體資產空轉 1 年，投資人也做 1 年白工。

3. 退休前如果遇上股災，將延後退休時間：若以 100% 股票投資打造退休金組合，一旦退休前遇上股災，導致整體投資組合價值減少，勢必得延後退休時間。

年年穩定正報酬 vs. 飆股高報酬

觀察過去的每一次股災，受傷的股票投資人總是多數；若要提高準時達成退休目標的成功機率，最高指導原則就是盡可能「年年正報酬」。若能年年正報酬，將會有機會打敗「多年大賺、1 年大賠」的投資策略。

我們用以下 2 種情況來比較。假設期初同樣投資 100 萬元本金，25 年後的結果如下：

情況 1》投資收息資產，年年穩定正報酬

◎假設條件：期初投資 100 萬元本金，年年正報酬 4.5%，持續 25 年。

◎投資成果：25 年後，100 萬元本金加上獲利會累積為 301 萬元。

情況 2》專選飆股投資，3 年賺 2 年賠

◎假設條件：期初投資 100 萬元本金，連續 3 年年賺 15%，之後連續 2 年虧損 10%，持續 25 年。

◎投資成果：25 年後，100 萬元本金加上獲利會累積為 284 萬元。

同樣的 100 萬元投入股市，如果連續 3 年年賺 15%，但是後面 2 年虧損 10%，如此循環 25 年，最後本金為 284 萬元，還不如年年複利率 4.5%，25 年後還有 301 萬元（詳見表 1）。

經過這樣的計算就知道：採取**年年正報酬 4.5% 的投資策**

略所累積的資產，會比追逐飆股但報酬不穩定的策略還要高。換句話說，「投資收息資產雖然走得慢，但可以走得更遠」，明顯勝過「投資股票雖然走得快，但可能原地徘徊踏步或往後退」的窘境。

上述對於投資飆股的報酬率（連續 3 年皆年賺 15%，接著 2 年連續虧損 10%，重複 25 年）雖只是假設，但是有投資經驗的讀者一定很清楚，上述的假設算是相當保守了。有更多人熱中於追逐飆股、自己不熟悉的熱門股，忙了好幾年，能夠守住本金就算幸運了，本金產生虧損而被迫離開市場的人比比皆是。

既然想要靠投資達成財務自由，自然要降低本金虧損的風險。若能採取**年年正報酬的收息投資策略，不但風險低、波動低，還可以打敗股票市場的報酬。**

單純投資股市，若掌握不到要領，不但付出的時間長，得忍受資產價值的高波動，也不能保證高勝率及高報酬率，還要承擔無法準時財務自由的風險；相對地，以收息資產建立資產組合，優點是投資複雜度低、價格波動低，能夠享有定期現金流，

表1 年年穩定正報酬，勝過賺3年賠2年

年年穩定正報酬試算

複利率（%）	25年本利和（萬元）
3.0	209
3.5	236
4.0	267
4.5	**301**
5.0	339
5.5	381
6.0	429
6.5	483
7.0	543

賺3年賠2年試算

年期	年報酬率（%）
第1～3年	15
第4～5年	-10
第6～8年	15
第9～10年	-10
第11～13年	15
第14～15年	-10
第16～18年	15
第19～20年	-10
第21～23年	15
第24～25年	-10
25年本利和	**284萬元**

註：假設期初投資 100 萬元本金，25 年後的本利和

也較能掌握財務自由的達成進度。

相信讀者看到這裡已經不難知道，如果可以精通收息投資，把時間跟精力成本考慮進去，每單位的時間報酬一定遠高於只

投資股票的時間報酬。

收息資產平均報酬率，2019 年度最高達 15%

一般投資人最熟悉的收息資產就是債券。但是提到債券，一般人的印象就是「低配息、低風險、低報酬」，從不認為債券會產生配息之外的報酬，所以也連帶認為所有收息資產都有相同特性。甚至，很多人會問 MissQ，為何年輕人要投資低報酬率的債券？會這樣思考的投資人，肯定沒有認真研究過收息資產。

我們直接來看數字。觀察 2019 年與 2020 年 1 月～ 9 月 3 大收息資產「債券 ETF（指數債券型基金）」、「台灣特別股」、「台灣 REITs」的報酬率表現（詳見表 2）：

1. 債券 ETF：統計範圍包含公債（以長天期美國公債為主）、投資等級債（信用評等較高的公司債，以下簡稱投等債）、新興市場債（新興市場的公債或公司債，以下簡稱新興債）這 3 類 ETF。雖然債券 ETF 配息率只有 1.4% ～ 3.5% 之間，然而 2019 年含息報酬率為 14% ～ 26%，2020 年 1 月～ 9 月

表2 2019年收息資產報酬率最高達15%
——3大收息資產配息率及報酬率

收息資產		2020.09 配息率（%）	2019年 含息報酬率（%）	2020年 含息報酬率*（%）
外幣資產（新台幣計價）	債券ETF（公債／投等債／新興債）	1.4～3.5	14.0～26.0	2.0～16.0
新台幣資產	台灣特別股	3.2～4.8	6.0	-1.4
	台灣REITs	1.8～3.9	14.0	12.0
平均值		2.2～4.0	11.0～15.0	3.8～8.8

註：*2020 年為 1 ～ 9 月報酬率　　資料來源：彭博資訊

為 2% ～ 16%。

2. 台灣特別股：統計台灣所有掛牌的特別股數據，雖然配息率只有 3.2% ～ 4.8%，但是 2019 年含息報酬率平均為 6%，2020 年 1 月到 9 月則是下跌 1.4%

3. 台灣 REITs：統計範圍包含台灣掛牌的 7 檔 REITs，雖然配息率只有 1.8% ～ 3.9%，然而 2019 年含息報酬率平均為

14%，2020 年 1 月到 9 月則為 12%。

如果將資金分為 3 份，各投入 1/3 資金到上述 3 類資產，那麼 2019 年平均報酬率為 11% ～ 15%，2020 年 1 月～9 月平均報酬率為 3.8% ～ 8.8%，這樣的成績甚至打敗許多股票的投資報酬率。看到這裡，相信很多抱持偏見的投資人會驚呼，「原來收息資產居然可以創造這麼高的報酬率！」

進入降息時代，收息資產還能享有價差報酬

想必讀者會很納悶，為何上述 3 大收息資產的配息率這麼低，卻能在 2019 年創造 2 位數的平均報酬率，2020 年 1 月～9 月也有 3.8% ～ 8.8% 的報酬率表現？

最主要的原因，就是利率環境的變化。當利率走低，市場資金會追逐高配息的債券或收息資產，進而產生資產的增值空間；更精確來說，價格上漲的部分，來自高於現在市場利率額外配息的折現值。

舉例來說，如果債券當初發行時的利率為 6%，後來市場利

率降到只有 3%，投資人就會願意用更高的價格，去買這張年年比市場配息高出 3 個百分點的債券，這就是債券價格上漲的動力。

從以上說明就能清楚知道，債券等收息資產，並不如大家印象中只有每年 2% ～ 3% 的低報酬率。特別是進入利率走低的降息循環，除了賺利息，還能享有價差報酬，有機會可以獲得 2 位數的報酬率。**如果能擴大收息資產的投資，不但可以賺取穩定配息，更能賺到收息資產的價差，創造提升整體投資組合報酬率的優勢。**

1-3 善用佛系收息投資術 同時賺到財富、時間與自由

MissQ 常常接到讀者來信，內容都相當類似：「工作非常忙碌，不喜歡在股市裡殺進殺出，有沒有什麼投資標的，每年可以有穩定的 4% ～ 5% 現金收入，退休時也不用擔心成為下流老人？」

最符合大家需求的，當然是收息資產，我也喜歡稱之為「佛系收息投資術」，也就是不需花費太多時間關心，這項投資商品就會隨著時間「穩收息」，為你帶來穩健又長久的投資收入。

不需花太多精力研究，就能穩穩收息

2020 年 7 月，MissQ 經營的臉書社團「MissQ 存股存債

社」，曾經開放「讀友」票選心目中最佳的佛系收息資產，共有 324 位讀友參與投票，票選結果與獲選原因分別如下：

第 1 名》債券 ETF（192 票，占 60%）

2020 年發生新冠肺炎（COVID-19）疫情，導致全球股市大跌；為了救市，美國聯準會不但連番降息，更採取無限量買公債措施，為市場注入資金，並首度宣布購買投資等級公司債（以下簡稱投等債）ETF 及個別公司債。這使得公債及投等債 ETF 被視為抵抗空頭的最佳佛系收息資產。

第 2 名》台灣特別股（72 票，占 22%）

新台幣計價的台灣特別股，原本就是存股族的避風港；特別股的股價波動較低，又有領取股利的優先權，也是佛系收息產品的好選擇。

第 3 名》台灣 REITs（60 票，占 18%）

台灣掛牌的 REITs，讓所有想要晉升包租公的投資人，只要支付少少的成本，就能實現夢想。持有 REITs 每年所領取的股息，是來自商用不動產收取的租金；REITs 會有專業機構管理持有的不動產，因此投資人完全不必煩惱管理問題，買進之後什麼都不用做，就能安心領取房客支付的租金，並且享有不動產隨時間產生的增值效果。

這 3 種穩收息資產在讀者心目中，都是佛中之佛的首選。它們全都具備穩定現金流的特性，像債券是日日累積計息，REITs 也是日日賺取租金，特別股則可以享有企業經營的獲利成果。

有讀者將收息心得回饋給 MissQ，他直言，這幾種收息投資可稱為「呼吸收息法」或「睡覺收息法」——不管是白天或夜晚、起床後或入睡後，都照樣能賺到利息；不但有穩定現金流，價格波動低又具備抗跌性，讓投資人能夠無痛收息；透過長期投資的複利效果，想要累積一大筆收益以提前退休，可說是輕而易舉。

收息資產平時慢漲，但空頭時高度抗跌

許多人為了每年獲得現金流，會選擇「存股」。不過，股票的價格波動度大，就算是事業本身相當穩健的個股，也可能在 1 年內產生 20% 以上的漲跌幅度。若遇到如 2020 年新冠肺

炎疫情這類危機，下跌的幅度更大，導致許多剛開始存股的投資人難以承受，選擇認賠出場，賺了股息卻賠了價差。

佛系收息投資術的 3 大收息資產，價格波動度則是相對低，平時價格走勢極為穩定，每天幾乎感受不太到價格的變化，長期來看卻是慢慢上漲；主要有 2 大原因：

1. 資產穩定度高且價值穩健提升

3 大收息資產因為能夠穩定地配息，資產價值的穩定度都相當高。

像美國公債是由美國政府發行，而美國是全球最具公信力的國家，除非國家破產，才有可能發不出債息。公司債雖是由公司發行，但只要精選財務體質優良、倒閉機率極低的「投資等級」公司債，想不領到股息都很難。

至於特別股，則是類似債券的特性，就算公司出問題，特別股的股東能比普通股的股東優先領到股利。而 REITs 所持有的是商用不動產，具備不動產抗通膨及長期租約的優勢，也是配息穩定度非常高的收息資產。況且收息資產的價值，因為每日計息，長時間所累積的利息也造就了資產價值穩定提升。

2. 受金融市場影響程度低

除了美國長天期公債 ETF 價格會隨著利率環境，產生變化之外，特別股及 REITs，實際上受到金融市場影響程度相當低，資產價值穩定。

以 2020 年疫情期間為例，台股在 2020 年 3 月 5 日收盤指數為 1 萬 1,514 點，3 月 19 日下挫到 8,681 點，短短 2 週下跌近 25%。

然而，以收息資產 REITs——京城樂富 R1（01010T）為例，其股利來源為長期租約的租金，租金較不受疫情影響。可以看到它的股價走勢——2020 年 3 月 5 日收盤價 10.2 元，歷經 3 月 11 日除息 0.21 元，到了 3 月 19 日這天最低也僅下跌到 9.6 元，僅跌了 0.6 元，跌幅 5.8%；若加回被除息的 0.21 元，這 2 週也僅下跌 0.39 元，跌幅 3.8%（詳見圖 1）。這也是京城樂富 R1 自 2018 年發行以來的最大波段跌幅；相對於同期間台灣加權指數 25% 的跌幅，金融股普遍 20% ～ 30% 的下跌，收息資產展現非常強的抗跌性，投資人也能相

圖1 2020年股災，京城樂富R1僅下跌3.8%
——京城樂富R1（01010T）股價走勢

註：1. 資料日期為 2019.11.21 ～ 2020.12.11；2. 單位為元
資料來源：XQ 全球贏家

對安心，不至於在市場恐慌時認賠殺出而造成損失。

投資收息資產，只須留意央行政策及利率走勢

投資報酬率除了計算投入的金錢，更要加計投入的時間成本。許多投資人因為在股市裡載浮載沉，傷神、傷眼，也傷時

間，若沒有辦法從大量耗費時間的投資賺取更多的報酬，換算每單位時間的報酬其實並不高。

相較之下，無論是投資股市、黃金、石油，都需要高度關注國際市場，例如個別公司訂單變化、公司每季財報與每月營收變化、每日市場重大訊息、難以預料的國際情勢變化（如 2018 年以來的中美貿易戰、重要國家大選造成的政治不確定性）等。

若是持有 3 大類收息資產，所需花費的投資時間與心力相對非常低，僅需留意總體市場利率走勢以及各國央行政策就可以了，CP 值非常高；可以說，**投資收息資產不但賺到利息，也賺到時間跟心情自由。**

有人說，**時間是生命中最寶貴的。**時間無價，用錢也買不到，當然必須花費在最重要的事情上。相信多數人都希望把最珍貴的時間留給最愛的人，創造美好的回憶。

而在成功財富自由之後，更需要善用收息資產賺取現金收入；如果時間仍被股市綁架，分分秒秒牽掛股市、國際情勢，成日為金融市場傷神，那麼根本不能算是理想的財富自由境界，只能說是「有財富但沒有自由」。若能善用收息資產投資，你將能同時享有真正的財富與自由，擁有**走得慢，但走得遠、走得穩的佛系收息自由人生。**

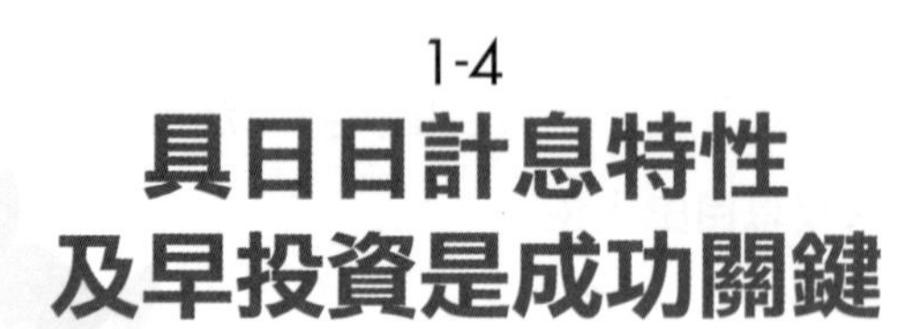

1-4 具日日計息特性 及早投資是成功關鍵

收息投資一大特性就是賺時間財。時間是收息投資的朋友，因為**收息資產的特色是日日計息**，以每天累積利息去成就一大段時間所累積的利息，造就**「明天會比今天更有錢」**。

換句話說，收息資產需要「累積很多的今天」，成就「更美好的明天」。所以，如果能提早持有收息資產去賺時間財，就能立於不敗之地，「時間」是收息投資的最大成功關鍵。

等價格下跌再投資，卻付出更高的等待成本

收息資產的另一個特性是「等待投資的機會成本很高」。許多投資人都會想等到收息資產價格下跌才要進場，但常常等著

等著，不但價格愈等愈高，還會少領到等待期間的配息。投資人所錯過的配息跟資產價格上漲，兩者加起來就是等待投資的機會成本，這些機會成本是隨著時間一路累積往上的。

因此，許多讀者來信問 MissQ，「現在收息資產的價格好像太高，是不是要等到低檔再入場？」

答案是：「可以等，但不建議，因為會等太久。」一來，收息資產價格波動很低，不容易等到低價，且收息資產的價值是每日上升，每天真實價值都會因前一天累積收息而增加。二來，等得愈久，累積錯過的配息也愈來愈多。

以特別股——聯邦銀甲特（2838A）為例，發行後的前 5 年約定股利年率為 4.8%，最早收回日是 2023 年 4 月。假設 2020 年以 8 月 21 日收盤價 52.8 元買入，若被提前以發行價 50 元收回，平均 1 年的報酬率為 3.7%（計算方法詳見 5-4）。

若投資人有 100 萬元，卻等到 1 年後才投資，這 1 年的「等待成本」是 3 萬 7,000 元（不考慮稅負），換算為每個月的等待成本是 3,083 元。若手上資金為 700 萬元，每個月的等待成本將會接近台灣的基本薪資 2 萬 4,000 元（自 2021 年 1 月 1 日起）。這個例子很清楚說明，等得愈久，投資人錯失的配息金額愈高。

收息資產（如特別股）的價格波動非常小，長期走勢通常是穩步往上；每年配息之後，股價會先下跌（股票會進行除息，在除息日當天將股價減掉所配發的股息），再穩步往上，因此投資人很難等到下跌的機會。換句話說，等待成本會高於等待價格下跌可以賺的價差。因此投資人可以做的，就是及早買進、及早上車，用很多的今天去累積利息（股利），成就愈來愈富有的明天。

投資時間愈長，累積愈高的整體收益

還有很多投資人以為，收息資產最重要的是看對進場高低點，買在高利率，賺一段價差。其實，想成功靠收息資產賺錢只要把握一個重點——投資時間愈長，就可以累積愈高的整體收益。**「提早投資」是真理，比選擇進場高低點賺短期價差更重要。**

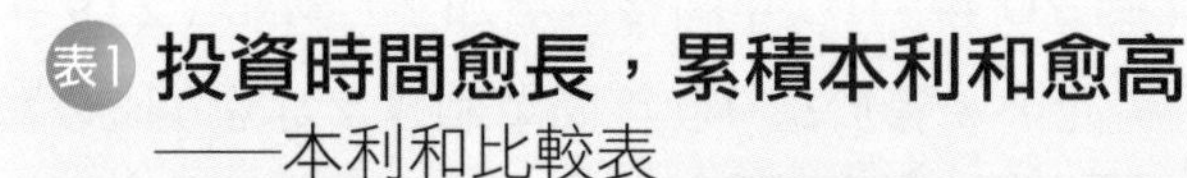
表1 投資時間愈長，累積本利和愈高
——本利和比較表

投資年數（年）	年化報酬率4%		年化報酬率5%	
	10年間報酬增加金額（元）	本利和（元）	10年間報酬增加金額（元）	本利和（元）
10	48萬	148萬	63萬	163萬
20	71萬	219萬	102萬	265萬
30	105萬	324萬	167萬	432萬

註：期初投入 100 萬元，依不同投資年數及年化報酬率估算報酬及本利和

實際來估算一下就能知道了。以下試算年賺 4% 或 5% 的收息資產，在不同的投資年數，共能為我們累積多少本利和（包含一開始投入的本金及獲利，詳見表 1）：

狀況 1》投資年化報酬率 4% 的收息資產

假設期初投入 100 萬元本金，每 10 年的變化如下：

◎第 1 年到 10 年：10 年報酬增加 48 萬元（148 萬元減去 100 萬元），等於這 10 年間單利達 4.8%（100 萬元複利 10 年，將變成 148 萬元）。

◎第 11 年到 20 年：10 年間報酬增加 71 萬元（219 萬元減去 148 萬元），等於這 10 年間單利達 7.1%（100 萬元複利 20 年，將變成 219 萬元）。

◎第 21 年到 30 年：10 年間報酬增加 105 萬元（324 萬元減去 219 萬元），等於這 10 年間單利達 10.5%（100 萬元複利 30 年，將變成 324 萬元）。

狀況 2》投資年化報酬率 5% 的收息資產

假設期初投入 100 萬元本金，每 10 年的變化如下：

◎第 1 年到 10 年：10 年報酬增加 63 萬元（163 萬元減去 100 萬元），等於這 10 年間單利達 6.3%（100 萬元複利 10 年，將變成 163 萬元）。

◎第 11 年到 20 年：10 年報酬增加 102 萬元（265 萬元減去 163 萬元），等於這 10 年間單利達 10.2%（100 萬元複利 20 年，將變成 265 萬元）。

◎第 21 年到 30 年：10 年報酬增加 167 萬元（432 萬

元減去 265 萬元），等於這 10 年間單利達 16.7%（100 萬元複利 30 年，將變成 432 萬元）。

從以上例子可以看出，投資 100 萬元，即使平均只年賺 4%，第 1 個 10 年報酬只有 48 萬元，第 2 個 10 年報酬就增加到 71 萬元，第 3 個 10 年報酬竟高達 105 萬元，足足是第 1 個 10 年報酬的 2 倍以上。可見**長期投資收息資產 10 年以上的時間，就可以達到高速「利滾利」的效果；投資時間愈長，投資收益的累積金額愈高。**

再次強調，時間長短是收息資產的成功投資關鍵，年年正報酬長期所累積的複利效果非常可觀。很多投資人對於不起眼的每年 4%、5% 報酬率興趣缺缺，寧可等待大賺一筆卻希望渺茫的機會；最後常常是歷經非常長的等待時間，或是自己根本沒有能力掌握賺價差的良機，在那段等待期間，早已損失了月月年年可累積的收息機會成本。

回頭來看，當利率愈來愈低，逝去的時間回不來，只能用未來更長久的時間，來嘗試彌補錯過的時間價值，那麼距離財富自由的日子又更遙遠了。

看到政府執行年金改革，以及媒體不斷報導政府的退休金保險制度有破產的可能，很多上班族都擔心未來退休金不足。為了不想淪落為下流老人，許多未雨綢繆的投資人，眼光紛紛轉向收息資產。MissQ也曾接到不少40歲左右的讀者來信詢問：「現在投資收息資產會不會太晚？」MissQ的標準答案是：「今天開始投資不嫌晚！因為只要在今天投資，就會比明天和下個月還要早。」

能夠把握一天是一天，只有立刻投資收息資產，掌握每一個今天，才會距離「提前退休」更近一步，實現明天比今天更有錢的目標！

第2篇

拋開偏見
建立正確觀念

2-1 破除 3 大 NG 觀念 正確布局收息資產

許多投資人對於收息資產存有很多錯誤的觀念，認為收息資產利率這麼低不需要投資，反正能賺的很少！或是，有些投資人認為收息資產不易上漲，能夠賺 5% 已經非常高了，最好趕快跑。甚至，有些投資人在股債配置組合中，認為債券的利率太低，除了利息之外沒有其他的報酬，「乾脆用現金取代債券部位」。

以下是收息投資 3 大 NG 觀念：

✖收息資產只能賺配息？
✖收息資產短期賺 5% 就能出場？
✖收息資產利率低，不如放現金？

建立基本 3 觀念，了解收息資產價格波動原因

本篇文章 MissQ 將帶讀者一一糾正這 3 個 NG 觀念。在這之前，首先要說明收息資產價格波動的基本觀念：

基本觀念 1》收息資產價格上漲的原理：利率走低

收息資產價格為何會上漲？主因來自於愈來愈低的市場利率。舉例說明：若原先投資人買進 20 年期、利率為 3% 的債券；若隔一天，同樣的債券殖利率由 3% 下降至 2%，代表投資人手上這張債券，未來 20 年的年報酬率 3% 比市場利率 2% 高 1 個百分點，所以這張債券在市場上的價格就會上漲，潛在上漲幅度會非常接近未來 20 年每年額外配息 1% 的折現值。

所以，擁有收息資產的投資人，要優先關注利率市場的變化，只要利率長期走低趨勢不變，收息資產價格就會持續有上漲空間。

基本觀念 2》收息資產價格與利率呈現反向關係

利率與收息資產價格呈反向走勢，當利率走低，收息資產價格就會持續上漲；反向來說，若利率走高，收息資產價格就會

往下走。

舉例說明，若市場利率往上到 4%，投資人原本持有的 3% 配息債券低於市場利率 4%，代表投資人手上這張債券未來 20 年配息率比市場利率低 1 個百分點，所以這張債券在市場上的價格就會下跌。

讀者可以簡單記住：市場利率往上，收息資產（債券）價格就會往下；市場利率往下，收息資產（債券）價格就會往上，**債券價格與利率呈現反向關係。**

這與股票投資的邏輯不同，股票投資人要關心市場、產業、資金、訂單、營收、競爭對手的資訊，公司獲利愈高，股價走勢愈好。相對地，投資收息資產比股票單純，主要須觀察市場利率走勢。市場利率是一個總體大趨勢，且目前各國央行政策公告都很透明，可以輕鬆查詢，顯然相對單純也更好掌握。

基本觀念 3》總報酬是來自於累積的收息＋價格上漲

許多投資人誤以為收息商品的報酬只有來自收息，其實還有價差的上漲空間。而價差依各類商品的性質而有不同漲跌幅，這在前文已經介紹過（詳見 1-2）。以台灣掛牌的 7 檔 REITs 來看，雖然配息率只有 1.8%～3.9%，2019 年含息報酬率卻高達 14%，2020 年 1～9 月則有 12% 的表現。

建立好以上的基本觀念，就能輕鬆翻轉收息資產的 3 大 NG 觀念：

NG 觀念 1》收息資產只能賺配息？

上述「基本觀念 3」有提到，收息資產的總報酬是來自於「累積的收息＋價格上漲」，而且會依各類商品的性質而有不同漲跌幅。

以債券為例，投資債券的獲利是來自於累積的債息＋價差，很多讀者會疑惑價差有很大嗎？加起來的總報酬有很高嗎？我們直接來檢視台股掛牌的美國公債 ETF——元大美債 20 年（00679B）的總報酬率：

元大美債 20 年 2019 年總報酬率》13.69%

元大美債 20 年採取季配息，2019 年共可領取 4 次配息，分別為每股 0.255 元、0.265 元、0.28 元、0.25 元，合計為 1.05元。2019年 12月 31 日底的收盤價為 42.29元，相較於 2018 年 12 月 28 日收盤價 38.12 元，1 年來上升了 4.17 元，2019 年全年的報酬率為 13.69%。

◎ 2019 年總配息：1.05 元。

◎殖利率：2.75%（＝ 1.05 元 ÷38.12 元）。

◎價格上漲幅度：10.94%（＝（42.29 元－ 38.12 元）÷38.12 元）。

◎含息總報酬率：13.69%（＝（42.29 元＋ 1.05 元－ 38.12 元）÷38.12 元）。

元大美債 20 年 2020 年至 9 月總報酬率》16.25%

2020 年 1 月至 9 月底共歷經 3 季，一共可領取 3 次配息，分別為每股 0.23 元、0.16 元、0.17 元，合計為 0.56 元。2020 年至 9 月底的價格上漲幅度為 14.92%（從 42.29 元上漲至 48.6 元），含配息的總報酬率為 16.25%。

◎ 2020 年 1 月～ 9 月總配息：0.56 元。

◎價格上漲幅度：14.92%（＝（48.6 元－ 42.29 元）

÷42.29 元）。

◎含息總報酬率：16.25%（＝（48.6 元＋0.56 元－42.29 元）÷42.29 元）。

可以知道，債券 ETF 的報酬率不僅來自於配息，更來自於債券價格上漲的部分；尤其在降息期間的價格上漲幅度遠高於債券殖利率。

NG 觀念 2：收息資產短期賺 5% 就能出場？

許多投資人誤以為收息資產每年只能賺少少的配息，因此 2019 年元大美債 20 年這檔債券 ETF 開始上漲達 5% 時，紛紛寫信給 MissQ：「價格已經漲得比 2% ～ 3% 殖利率還要高了，可以賣了嗎？」

當時我告訴讀者，降息是一個大循環，不會只有 5%，**收息資產可能比你想的還要賺得多。**果然，元大美債 20 年在 2019 年全年的含息報酬率就達到 13.69%，2020 年截至 9 月底又創造 16.25% 的含息報酬率，這 1 年多來可是一共創造將近 30% 的報酬率！

如果 2019 年時看到只漲 5% 就賣出的投資人，肯定會感到後悔不已，犯錯的主因就是「不了解收息資產，而低估它上漲的潛力」。收息資產不只賺收息，還能賺到一大段價差。

NG 觀念 3》收息資產利率低，不如放現金？

很多投資人在股債配置中，常常以現金取代債券部位配置，因為他們認為債券收益非常低，殖利率最多 2% ～ 3%，以現金或是定存取代也差異不大。但實證發現，債券與現金的報酬差異其實很大！

2019 年

◎定存 1 年報酬率：1.045%（詳見圖 1）。

◎元大美債 20 年含息報酬率：13.69%。

2020 年 1 月～ 9 月

◎定存 1 年報酬率：0.79%。

◎ 2020 年初至 9 月 30 日含息總報酬率：16.25%。

2019 年若以現金取代債券 ETF，就會錯失 13.69% 的報

圖1 2019年1年期定存利率僅1.045%
——彰化銀行 1 年期定期儲蓄存款利率

CHB 彰化銀行

企業金融 個人金融 信用卡 財富管理 基金 信託 保險 金融交易 數位金融

查詢類別：定期存款(一般)

查詢區間：指定區間 最近一個月 最近三個月

起 2018/12/31 迄 2020/11/12

最多可查詢三年內之資料
(日期格式為：YYYY/MM/DD，例如：西元2015年8月21日為：2015/08/21)

確認查詢

查詢時間: 2020/11/13 17:02:48
本資料僅供參考(單位：年利率%)

資料日期	一、二個月		三、四、五個月		六、七、八個月		九、十、十一個月		一年~二十三個月		二年~三十五個月		三年	
	固定	機動	固定	機動	固定	機動	固定	機動	固定	機動	固定	機動	固定	機動
2020-11-12	0.350	0.350	0.410	0.410	0.520	0.560	0.630	0.670	0.790	0.815	0.800	0.840	0.800	0.840
2020-03-23	0.350	0.350	0.410	0.410	0.520	0.560	0.630	0.670	0.790	0.815	0.800	0.840	0.800	0.840
2018-12-31	0.600	0.600	0.660	0.660	0.770	0.810	0.880	0.920	1.045	1.065	1.070	1.090	1.070	1.090

資料來源：彰化銀行

酬，僅賺到 2019 年當年度 1 年期的定存利率 1.045%，一來一回報酬率相差 12.645 個百分點。

2020 年因為美國持續降息，定存利率又降更低了！若以現金取代債券 ETF，就會錯失 2020 年 1 至 9 月的總報酬率 16.25%，僅賺到 2020 年當年度 1 年期的定存利率 0.79%，一來一回報酬率相差 15.46 個百分點！

從這個範例可以清楚破除收息商品不僅只有收息率的NG觀念。一個理想的股債組合，無法以現金與定存取代收息資產的強大避險及增值效果；因為定存本金不會上漲，債券在降息期間則有高度的潛在價格增值空間。

2-2
低風險＋具儲蓄功能
最適合小資族投資

許多年輕的讀者會寫信問 MissQ：「小資族真的適合投資收息商品嗎？」他們普遍以為，收息商品是投資部位高及有錢人才能投資的商品，小資族本身資金已經不多，少少的金額只能領少少的配息，只有很小的部位，會不會不適合投資收息資產呢？

在累積第 1 桶金前，小資族較適合低風險投資

很多財經專家都說，年輕人或是資金很少的人，可以承受較高投資風險，因此通常會鼓勵小資族投資較高風險的股票，或是嘗試以小搏大的投機型商品。但是 MissQ 看法相反，小資族在累積到第一桶金（100 萬元）之前，不適合高風險投資，

反而需要低風險投資組合，理由有 3：

1. **小金額無法分散投資**：許多標的都有最低投資門檻，例如海外基金定期定額最低申購金額為新台幣 3,000 元，小資族金額太小，很難分散到多項標的。

2. **金額太小禁不起損失**：因為難以分散投資，每項投資金額占總金額比重高，一旦受傷，小資族的財富就會受到重創。

3. **復原能力不佳**：有錢人賺錢速度快，即使一次投資失利，1 ～ 2 年後再站起來的機率很高。小資族賺錢速度慢，用血用淚用時間賺取每一分錢，投資受傷之後想再站起來，需花費的時間長。

用收息資產，可以有效加快儲蓄速度

所有的一桶金都是由每一塊錢組成，讓每一塊錢可以得到提升收益，就可以更快儲蓄到一桶金。理由如下：

1. 收息資產具儲蓄功能

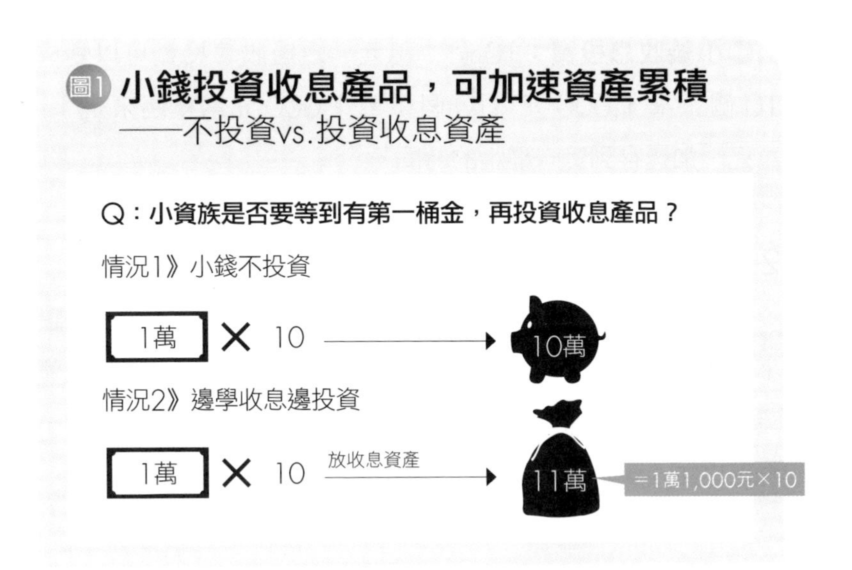

透過投資收息資產，小資族可以邊儲蓄邊投資，提升每一塊錢的報酬率。特別是第一桶金的儲蓄時間可能長達 3 ～ 5 年，小資族可以在這段期間一邊努力工作，一邊學習更多投資知識，同時賺到收息資產的報酬。若小資族完全不投資，單純靠銀行儲蓄，將花費更多時間累積第一桶金。給讀者一個概念：

◎小錢不投資：10 個 1 萬元累積起來只有 10 萬元（詳見圖 1）。

◎小錢收息投資：10 個 1 萬元，透過收息投資可以變成 10 個 1 萬 1,000 元；10 個 1 萬 1,000 元累積起來是 11 萬元，加速存到第一桶金的時間。

2. 收息資產波動度低，可讓小資族專心拼事業

低波動、穩定增值的收息資產，因為價格波動不大，可以讓小資族專心打拼事業，不需要花太多時間管理投資部位。隨著時間累積到第一桶金後，小資族可以進行更分散的資產配置，也可以加入風險性部位。

3. 以小金額累積實戰經驗，為未來的大金額預做準備

很多讀者會跟 MissQ 說：「我要等累積到比較大的資金規模，例如 1,000 萬元，再來投資。」

乍聽之下很合理，但實際上，當讀者完全零經驗，等到累積 1,000 萬元才進行投資，不論是要布局股票或收息資產，都會面臨很大的心理壓力，也很容易出錯、很難快速應變。投資往往需要 2 年～ 3 年的實戰經驗才有辦法逐漸上手，這樣財務自由的時間又會往後延 2 年～ 3 年。最好的策略還是老話一句——提早開始投資收息資產，從**小金額累積收息實戰經**

驗；未來累積到大筆金額時，就可以從容不迫建立理想的投資組合。

我自己是從 2002 年接觸收息資產，2004 年開始實際投資；因為當時收息資產的投資資訊很不普及，當時市場對收息資產也不太重視，更沒有所謂的債券大師、收息達人傳授快速學習的方法，只能靠自己摸索。

花了一段時間，我才開始勇敢地慢慢增加投資比重，熟悉收息資產的性質，並去適應市場各種因素對收息資產價格的波動。直到 2007 年，我對這類資產已有相當的投資信心，並有高度把握，從此將收息資產作為我實踐提早財務自由的主力投資。算一算，從剛開始接觸到大力投資，我一共花費了 5 年的時間。

如果可以重來，我希望可以更早開始投資

回想當我是小資族的時候，也跟許多人有同樣的迷思；認為債券是專屬於有錢人的投資，資金規模太小的年度投資報酬，只能賺到唱一次 KTV 的費用，不如及時行樂還能留下美好回

憶，提早退休是一個遙不可及的夢想……。

但回首過去，如果可以早 5 年投資、早 10 年投資，人生發展將會大大不同。早一點開始投資，或是學生時候就有投資觀念，必會重塑我年輕時對金錢、消費的認知與行為。如果我可以更早將收息資產作為我的主力投資，少唱幾次 KTV，相信可以再提早幾年累積到第一桶金，或是提早成為一位分享投資經驗的達人，幫助更多人走上正確的投資路。

寄信給我的讀者當中，也不乏剛畢業的社會新鮮人：「我才剛畢業，每個月所剩金額不多，這樣適合學習或投資收息商品嗎？」我都回答讀者：「你真的很有遠見！一定可以比我更早在職場上畢業（提早財務自由），因為這麼年輕就在考慮這件事情了。我以前剛畢業的時候，真的沒想過要好好投資。」

小資族投資收息商品永遠不嫌早，愈早開始投資，相信會將你的金錢觀、人生觀升級到更高的層次，這些改變，都會讓你愈來愈靠近財務自由的人生。

2-3
認清收息本質與配息來源 投資再也不踩雷

不少投資人都有投資收息資產的經驗，最後卻因為長期虧損，或雖然有賺錢但是績效不如預期而放棄。收息投資會失敗，不外乎踩到 3 大地雷：

常見投資人誤踩的 3 大地雷

地雷 1》高息來自於配發本金

有些投資商品號稱高配息，但部分配息是來自於本金；於是在配息一段時間後，因為部分本金用來配息，以至於本金或基金淨值愈來愈低，面臨配息高卻賠錢的窘境。

就算是將累積配息加上剩餘本金，換算的報酬率也不高，與投資人當初所想像「高配息＋本金不變」的情況截然不同，這種「假高配息，真配本金」就不是一種理想的收息投資。

地雷 2》維持高配息要符合某些條件

還有另一種標榜配息的商品，雖然配息來源不是本金，但是只有剛開始配息高，之後配息變得忽高忽低。到最後才發現，要維持高配息率是有條件的，例如：該商品旗下標的必須連續獲利，或是該商品標的計價貨幣不能貶值。

過去市場上有一些號稱配息 8% 以上的南非幣計價商品，投資人以為年年可以領到 8% 以上的新台幣配息；沒想到隨著南非幣貶值，在南非幣換算回新台幣之後，實際上的配息率根本不足 8%。投資人這時才會發現，要維持所謂的 8% 高配息率，是要在南非幣兌新台幣不下跌的情況才能持續。

地雷 3》遇到金融詐騙

最糟糕的狀況就是屢見不鮮的金融詐騙，常見的招數是標榜「**年年 10%（或以上）高配息**」。

明明經常可以看到這類金融詐騙新聞，但為何每一次都仍有為數眾多的受害人？而且這些詐騙案至少都能吸金上億元資金？通常都是因為投資人一開始接觸的管道是親朋好友，在信任的親友慫恿下，或是看到親友也有投資並且正常領到配息，認為「親戚好友不可能騙我」，就會不疑有他加入投資行列。

其實這些金融詐騙案，剛開始能夠正常發出高配息，資金來源都是「新投資人的本金」，因此早期投資的人都可以領到一段時間的配息，並且「好康道相報」，四處呼朋引伴加入。當時間一久，投資人愈來愈多，吸納的新資金不足以正常發給所有投資人正常配息後，詐騙集團往往會再推出更高配息投資方案，慫恿投資人加碼投資。直到配息無以為繼、資金斷鏈、人去樓空，投資人才明白這原來是個翻版的老鼠會吸金方案，此時已血本無歸，僅剩過去曾領到的少許利息。

認識 6 種常見配息來源及其穩定性

要怎麼避免收息投資踩到上述的 3 大地雷？很簡單，投資之前先認識商品，了解它配息的來源，並且評估配息的長期穩定性，就能挑出安全的收息資產。以下帶大家認識 6 項常見收息資產的配息來源及配息穩定性：

1. 普通股

◎配息來源：普通股要配發多少股利，是在每年度結算盈餘後，於隔年由董事會決議，並由股東會通過後決定配發金額。股利來自於公司盈餘，盈餘多寡則因公司經營績效及股利政策而異。公司若要配發股利，會優先配發給特別股股東後，剩餘才分配給普通股股東。

◎配息穩定性：依公司而定，主要取決於公司經營環境、獲利能力及獲利穩定性。

2. 特別股

◎配息來源：與普通股相同，股利同樣來自於公司盈餘，不過特別股的股東有優先獲配股利的權利。

◎配息穩定性：依公司而定，主要取決於公司經營環境、獲利能力及獲利穩定性。

3. 不動產投資信託（REITs）

◎配息來源：股利來自於 REITs 持有不動產的經營獲利，而其獲利則主要來自於不動產淨租金收益（淨租金＝租金減去相關經營管理收入），另外也有一小部分來自其他金融資產收益或銀行存款利息。

◎配息穩定性：REITs 持有標的多為商用不動產，主要是 3 年～ 10 年長期租約，租金穩定性高。

4. 公債／投資等級公司債

◎配息來源：公債利息來自於該國政府債的配息，投資等級公司債（簡稱投等債）配息則來自債券發行公司的配息，而債券 ETF 的配息也就來自所持有一籃子債券的利息。

◎配息穩定性：ETF 投資組合中任何債券違約，投資人的本金及配息也會受到損失；不過，若投資的是高評等國家的公債或投等債，財務穩定度較好，利息穩定度也高。根據信評機構標準普爾（S&P）研究，1981 年～ 2018 年投等債每年的違約率介於 0% ～ 0.42%（詳見圖 1），是相當低的比率。

而不管是公債或投等債 ETF，至少同時持有數十、上百檔以上的債券，即使真的不幸有其中一檔違約，對整體配息的衝擊也相當微小。

5. 高收益債基金或 ETF

◎配息來源：只要是債券信用評等未達投等債者，就會被歸類為高收益債，配息率通常較高，但是違約率也比較高。

◎配息穩定性：高收益債基金或 ETF，配息來自所持有一籃子高收益債券的債券利息，若其中有高收益債違約，本金及配息就會遭受損失；因為高收益債比起公債、投等債更容易違約，因此配息及本金穩定性都不如投等債。根據信評機構標準普爾研究，1981 年～ 2018 年高收益債每年的違約率介於 0.6% ～ 11%。

6. 當地貨幣債券基金或當地貨幣債券 ETF

◎配息來源：當地貨幣債券是以新興市場貨幣（例如南非幣、墨西哥幣、巴西幣）發行的債券，通常當地貨幣債券基金與 ETF 是以美元計價或是新台幣計價掛牌，讓投資人認購或直接投資。

◎配息穩定性：配息來自旗下一籃子當地貨幣債券的債券利息，當地貨幣配發的債券利息非常穩定。不過由於當地貨幣波動較大，換算為美元或新台幣，若當地貨幣升值則整體基金或

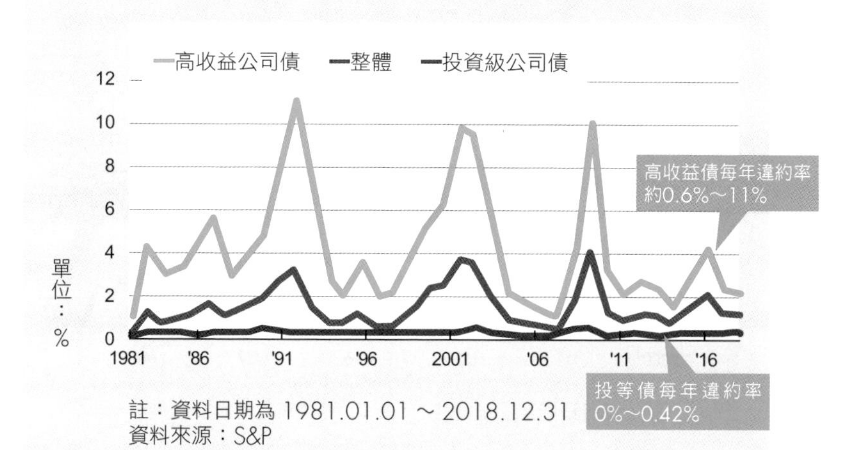

ETF 價值將會提升，進而提升兑新台幣或兑美元的配息率；反之，若當地貨幣貶值則整體基金或 ETF 價值將會縮水，換算成新台幣或美元的配息率將會減少。

過去台灣投資人投資了許多南非幣的債券基金，觀察圖 2 南非幣兑新台幣匯率，由 2010 年 1 月 3 日的 4.19 元（新台幣 4.19 元可換南非幣 1 元），下跌到 2020 年 11 月 16

日的 1.77 元，貶值幅度將近 58%，相對投資人的本金及配息都縮水。

以訴求穩定月配息的鋒裕匯理新興市場債券 A 南非幣計價基金為例，觀察它每月的每單位配息金額確實都相當穩定，但計息貨幣是南非幣（詳見圖 3），若換算為新台幣，恐怕不如預期般穩定。

圖3 南非幣配息基金的原幣配息穩定
——南非幣基金月配息表

鋒裕匯理新興市場債券A南非幣(穩定月配息)(本基金主要係投資於非投資等級之高風險債券且基金之配息來源可能為本金)

Amundi Fds Em Mkts Bd A ZAR MD3 D

基金代碼：B32159

日期	淨值(南非幣)	漲跌	理柏總回報	晨星評級	風險等級*	基金申購
2020/11/26	639.8700	▼-6.76 ▼-1.05%	--	--	RR3	立即申購

基金報告書 | 基本資料 | 歷史淨值 | 績效走勢 | 基金評等 | 持股分析 | 配息紀錄

基金配息

配息基準日	除息日	每單位分配金額	幣別
2020/10/30	2020/11/02	11.1529000000	南非幣
2020/09/30	2020/10/01	11.1529000000	南非幣
2020/08/31	2020/09/01	11.1529000000	南非幣
2020/07/31	2020/08/03	11.1529000000	南非幣
2020/06/30	2020/07/01	11.1529000000	南非幣
2020/05/29	2020/06/02	11.1529000000	南非幣
2020/04/30	2020/05/04	11.1529000000	南非幣
2020/03/31	2020/04/01	11.1529000000	南非幣
2020/02/28	2020/03/02	11.1529000000	南非幣

資料來源：鉅亨網

假設每月每單位配息金額為南非幣 11.15 元，2010 年南非幣兌新台幣匯率為 4.19 元，可以換算成每月配息新台幣 46.7 元。但隨著南非幣持續貶值，2020 年 11 月南非幣兌新台幣匯率為 1.77 元，換算每月每單位配息僅剩新台幣 19.7 元。10 年前每月能領到 46.7 元，如今大幅縮水，每月只能領到 19.7 元，換算新台幣的配息率腰斬，連當初的一半都不到，想必是多數投資人都始料未及的。

投資高配息商品前，必先評估 3 面向

再複習一次，投資人若看到心動的配息商品，建議必從 3 面向進行評估，再決定是否投入資金：

◎第 1 面向：分析該商品的投資標的、配息來源、配息穩定度。若配息率高於同類商品太多，顯然並不合理，必須要評估配息從哪裡來，同時評估是否以本金配發，不能一廂情願地相信高配息有理。

◎第 2 面向：分析未來配息穩定度。高配息是否背後需要特定條件支持，才能支持後續的高配息條件？一般來說，高配息的商品，投資人相對地也必須多承擔市場風險，以換得較高的收益。

◎第 3 面向：如果號稱完全沒風險、配息高又保本，極有可能是金融詐騙。不管是親友分享個人經驗而強力推薦，或跟

你保證穩賺不賠，都不能改變這只是老鼠會的事實。只要後續沒有更多新的資金加入，結局就是上演血本無歸、詐騙主嫌落跑的情節。許多投資人甚至自我安慰說，也許可以等到多收幾次高配息拿回本金後再退出，但很多人一直到最後人去樓空，才醒悟「天下沒有白吃的午餐」這個道理。説穿了，只是一場「你要他的息，他要你的本」的金融詐騙。

2-4 解惑常見投資迷思 不錯失獲利機會

許多投資人對收息資產敬而遠之，或總是想等最佳時機再進場，卻遲遲找不到機會，多半是對這項投資有錯誤迷思。其實，布局收息資產並不需要考慮時機，以下就從最常見的 4 項迷思，帶大家一一解答：

迷思 1》股票現在行情好，之後再買收息資產？

結果：往往股市不如預期時，收息資產也上漲了，還要用比當初更高的價格去配置收息資產

許多投資人對收息商品的迷思是，收息投資價格雖然有穩定配息，但本身價格波動太小，無法「今天買，明天就大賺」。正因為很難靠收息資產一夕致富，往往會被市場上的熱門股、飆股所吸引，期望短時間內從股市獲得高報酬。

最常聽到投資人打的如意算盤是，「先在股市淘金，成功賺到一大筆錢之後，當股市準備進入空頭，再來布局收息資產，反正收息資產價格變化不大。」

這種策略常常聽到投資人提起，但執行起來卻不太可行，怎麼說呢？

原因 1》普通投資人無法掌握確切行情

等到收息資產有行情時，往往是資金想要尋找避風港的時候，通常資金會快速湧入這類避險標的。此時，若看到收息資產價格上漲，才想到應該做點配置，價格卻已被更早進場的投資人推升得水漲船高。選擇這時候買進，成本更高，還錯失原本應有的配息，價格上漲跟中間配息兩頭空，收息資產的資產配置功能也與投資人擦身而過。

所以在實務上，先將資金拿去投資高報酬的股票，並等收息資產有行情時再來投資時，往往要付出更高額的成本，相對地獲利空間已經很小；更後知後覺的投資人，甚至會買在價格高點，根本也吃不到收息資產上漲行情的甜頭。

除非是極為熟悉市場的高手，懂得在股市相對樂觀時先取回資金，並提前布局收息資產，才有機會把握接下來收息資產的漲幅。

原因 2》只在股市空頭持有收息資產，投資期間太短

收息資產的多頭行情往往出現在股市空頭時期，若只想趁這段時期投資，那麼真正持有收息資產的時間將會非常短暫。

要知道，歷史上股市多頭的時間占大多數，但空頭的時間很短。以這種策略投資收息資產，投資時間短又零碎，無法累積大量利息；換句話說，就是賺不到時間財，無法成功賺取收息資產大部分的報酬。

迷思 2》等利率比較高的時候再來投資債券？

結果：利率可能愈等愈低，錯失中間配息，總體等待成本愈來愈高

以股票而言，配息並不固定，交易價格波動度高，不管是想

長期存股或是波段操作，投資人都必須學習評估股票的價值，並且善於「等待」適合的價格再進場，或以分批買進的方式來建立持股部位。

但是對收息資產來說，總報酬＝累計收息＋價格波動部分；縱使在相對高點進場投資、錯過短期的價格上漲，只要持有時間夠久，累計可觀的長期配息，也足以彌補價格短期波動產生的帳上虧損，假以時日仍有非常高的機率笑擁長期正報酬。

因為有持續配息的特性，「等待」就不是明智的策略。若要堅持等待收息資產價格下跌，等待期間會錯失很多配息；常常一晃眼 1 年、2 年過去，投資人愈等，錯失的配息愈多，不如早點進場收息。

另一個問題是，利率的高低，不是你我能夠輕易預測的。就像沒有人會預測到 2020 年會發生新冠肺炎疫情，當然也沒有人能提早預料到全球央行會因此開啟無限量購買公債，央行以人工方式壓低利率，讓利率愈來愈低、收息資產價格愈來愈高。只能說，愈想等待收息資產的進場時機，只會花費愈來愈高的機會成本。

迷思 3》快退休的時候，再來配置收息資產？

結果：有可能到退休時已經零利率或是利率太低，要得到與現在相同的配息，卻需要多拿出好幾倍的本金

有些投資人是這樣打算的：在退休前，先努力累積高風險的股權資產，將本金衝高，等到快要退休時，再來配置收息商品。

但是，就如同迷思 2 所說的，很有可能當我們準備退休時，會遇到比目前更低的利率、零利率，甚至是負利率。到時候，若要創造與現在同樣的現金流，則需要更鉅額的本金，倒不如把握時間，早一點配置收息資產，鎖住現在的利率。

以新台幣 10 年期公債殖利率為例，2002 年 8 月約 3.5%，但 2020 年 8 月最低僅剩 0.37%，約為前者的 1/10（詳見圖 1）；若要維持跟 2002 年相同金額的利息，在 2020 年需 10 倍的本金，且還少拿了過去 18 年的累積利息。

再比較同期的美國 10 年期公債殖利率，2002 年 8 月約 4%，但 2020 年 8 月約 0.71%，為 2002 年 8 月的 1/5（詳見圖 2）；要維持 2002 年相同金額的利息，在 2020 年則

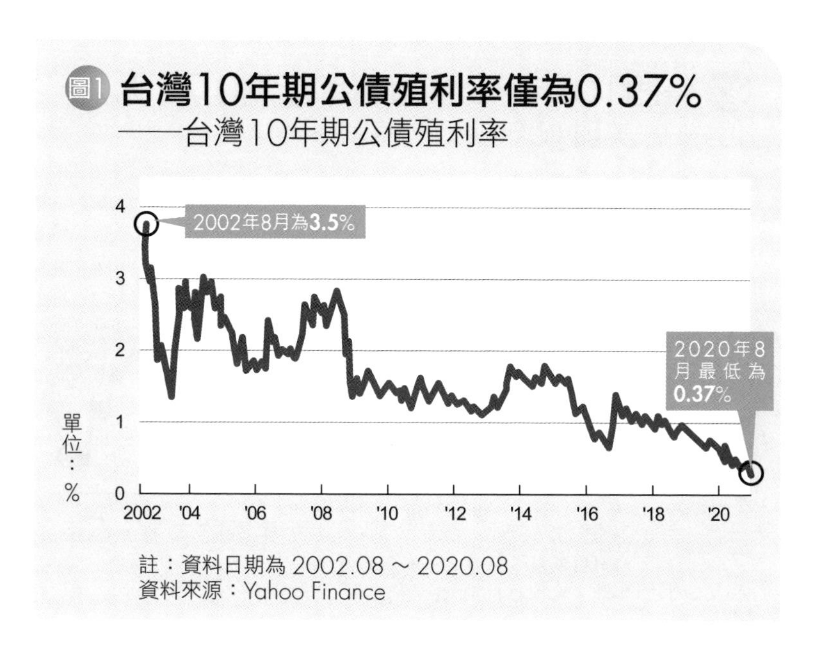

需要 5 倍的本金，同樣也少拿了過去 18 年的累積利息。

由上述範例還可以知道，收息資產的其中一個功能是，「投資人以目前的利率水準鎖住未來的現金流，提供退休生活保障」。退休生活最怕的就是遇到零利率與負利率，這會讓保守的退休投資人坐吃山空（沒有收益），若能及早布局收息資產，至少可以保障退休生活的現金流。

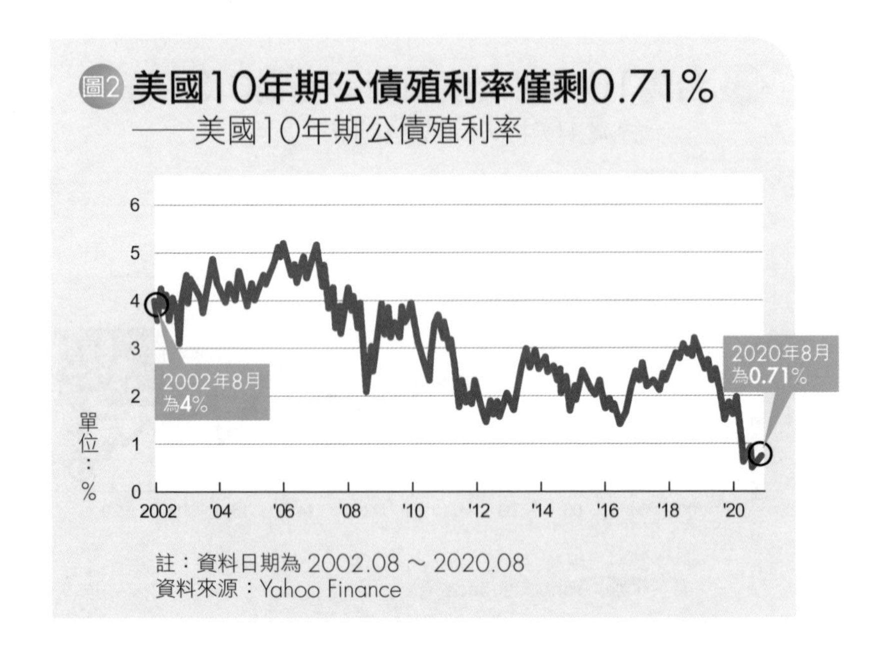

迷思 4》利率這麼低，收息商品還會上漲嗎？

結果：台灣跟美國還是利率相對高的國家。

以 2020 年而言，很多投資人的疑慮是「現在利率已經這麼低了，收息商品還有上漲的空間嗎？」

回首過去 10 年，利率一路創低，縱使有反彈也是小小反彈；

表1 台美10年期公債殖利率，高於英日法德
——10年期公債殖利率

國家	10年期公債殖利率（%）
美國	0.71
加拿大	0.62
台灣	0.41
英國	0.31
日本	0.05
法國	-0.09
德國	-0.40

註：資料日期為 2020.08.31
資料來源：財經 M 平方、Investing.com

換句話說，過去 10 年回首一望，都會覺得當下利率太低、利率不可能更低了，但最後利率仍是持續創新低。更有部分收息投資人等了 10 年才了解，利率真的回不去了！

表 1 是台灣、日本及歐美主要國家的 10 年期公債殖利率（資料日期為 2020 年 8 月 31 日）。台灣 10 年期公債殖利率是 0.41%，美國是 0.71%，相對高於接近零利率的英國與日本，以及負利率的法國與德國。

如果要以同為避險資產的德債與美債相較，德國 10 年期公債殖利率是 -0.4%，美國則為 0.71%，假使美國經濟需要更多資金維持寬鬆，那麼美國公債價格仍有續漲空間。

因此，**雖然台灣跟美國利率已到達多年來的低點，但是相對其他接近零利率及負利率的國家，利率仍是相對高。**若在此時配置收息資產，一來仍有一些價格上漲空間可以期待；二來也可以當作建立收息資產部位的開始，為未來的退休生活打造穩定的現金流量。

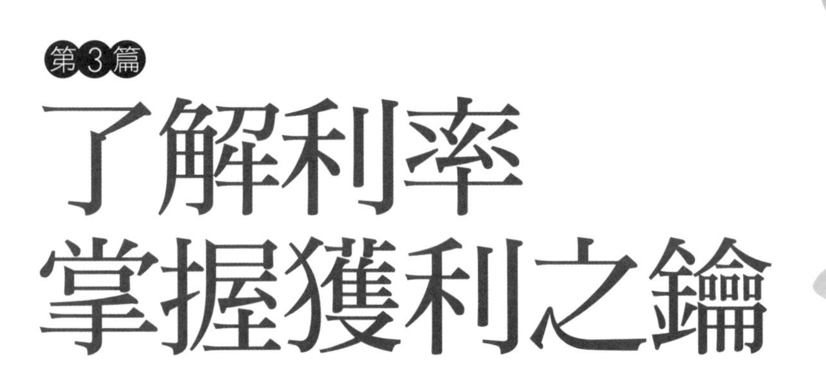
第3篇
了解利率
掌握獲利之鑰

3-1 掌握基準利率週期 奠定致勝基礎

掌握利率週期，就可以在適合的時機，投資到對的商品。所謂的利率週期，是指各國央行基準利率升降的週期。以美國來說，是聯準會定期公布的「目標聯邦資金利率」（Target Fed Fund Rate），台灣則是央行理事會定期決定的「重貼現率」。

央行升降息，取決於對未來景氣樂觀或悲觀

當央行決定升息，通常代表景氣趨向樂觀，企業獲利走揚，通膨也出現增溫狀態；央行採取升息手段，通常也是為了緩和企業擴張投資的速度。

反之，央行決定降息，通常代表景氣趨向悲觀，企業獲利衰

退，通膨也出現不振，意味著央行需要降息，讓企業付出較少的利息以度過景氣低谷。

利率週期的特性就是：當景氣開始轉熱，央行就開始升息。而金融市場的特性是景氣好的時候，隨著通膨上升，經濟數據愈來愈亮麗，企業會更願意擴廠增加產能以因應成長的消費需求。因此在初期的升息過程中，企業獲利的成長，通常也足以負擔利息的增加。

而當景氣過熱、產能過剩時，央行會先停止升息腳步，並開始降息，以避免過度借貸的企業形成倒閉的骨牌效應。此時市場會快速轉變為避險氣氛，資金會一窩蜂撤出風險性資產。央行為了穩定市場情緒，會持續降息，並在市場供應資金，直到景氣轉好，再度開啟升息循環。

利率週期可以依照景氣分為 4 大階段（詳見圖 1），以下將進一步介紹各階段最適合布局的投資商品：

1. 升息初期／景氣復甦期。
2. 升息中期／景氣擴張期。

3. 升息末期／景氣走緩期。

4. 降息階段／景氣衰退期。

升息初期》景氣復甦，布局大型股、高收益債

升息初期時，景氣擺脫衰退，進入復甦期。歷經上一段景氣衰退，許多資產價格都處於超跌價格，各國政府開始升息，但這時企業獲利只是擺脫衰退，剛進入成長期。由於景氣歷經了衰退期的修正，市場上的資金會優先投資已開發國家，因此已開發國家會率先復甦；此階段最佳的投資商品，是已開發國家大型股票與美元高收益債券。

1. 已開發國家大型股票

已開發國家的大型股，由於體質強健，將會優先受惠於景氣復甦；且股價已歷經前一階段大幅修正，此階段會是股市投資人最佳進場時點。

2. 高收益債券

歷經前一波景氣衰退的市場修正，體質不好的高收益債發行公司已經倒閉或因經營不善退場，留下體質較為強健的公司。

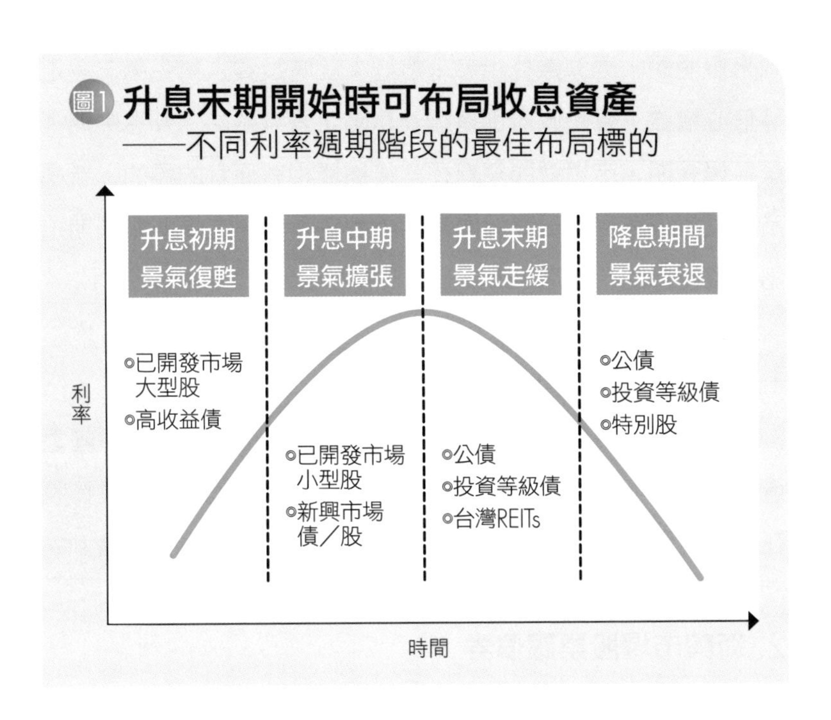

隨著擺脫衰退、景氣復甦，債券違約率開始下降；此時，由於高收益債券的違約期高峰已過，也將會開展一波漲勢。

升息中期》景氣擴張，鎖定新興市場股債

隨著景氣進入擴張期，經濟展現強勁的成長力道，經濟前景

愈來愈明朗，經濟數據也愈來愈好；此時投資人對金融市場走勢信心增強，各國政府也持續升息防止景氣過熱。升息中期／景氣擴張期，市場會願意追逐落後補漲相對便宜的標的：新興市場股票跟債券與已開發國家的小型成長股，在景氣擴張期這兩類資產會開始上漲。

1. 已開發國家的小型成長股

隨著景氣持續擴張，當已開發國家大型股已經有一定漲幅之後，資金會轉向更積極的已開發國家小型成長股。小型成長股在景氣擴張期，市場給的本益比較高，股價會有顯著漲幅。

2. 新興市場股票跟債券

隨著全球經濟持續成長，景氣持續擴張，新興國家資本流入增加，財政體質也出現改善；此時，投資人對新興國家信心增強，願意將眼光投向更具風險性的新興市場股票及債券，價格也會出現明顯上漲行情。

升息末期》景氣走緩，收息資產出現最佳買點

升息到末期，利率水準已高，企業投資活動開始減緩，經濟

已高速成長一段時間，歷經先前景氣初升跟擴張時機的升息，利率已經來到相對高的水準，各國央行升息也告一段落，傾向維持不再升息。

此時，股市已上漲一大波段，有過熱風險，投資風險相對較高，但卻是開始布局收息資產的最佳良機，最佳投資商品為公債（若無特別說明，則以美國公債為主）、投資等級公司債（以下簡稱投等債）、台灣 REITs。

因為前兩段景氣復甦及擴張時期不斷升息，市場資金對收息資產棄如敝屣，大舉投入風險性股權資產；在央行升息過程中，可以看到公債、投等債、台灣 REITs 等商品價格進入修正，直到升息末期時價格落入相對低檔，是最適合布局的時刻。投資人一方面可用修正後的價格低檔買進，另一方面更可以將收息資產的殖利率鎖在高點。因此，位於升息末期的景氣走緩期，絕對是公債、投等債、台灣 REITs 的最佳買點。

降息階段》景氣衰退，收息資產行情持續上漲

景氣開始衰退，企業歷經過度擴張而進入成長無以為繼的狀

態；各國政府為提振景氣紛紛降息救市，股市也由盤整進入下跌段，市場投資氣氛趨於保守。此時收息資產當中，公債、投等債價格受惠市場避險氣氛及資金流入，價格開始上揚，公債、投等債、特別股等仍是布局良機。

公債、投等債、特別股的收入來自穩定配息，在一路降息的景氣衰退階段，一來相對顯得高息，二來提供避險資金出路，成為資金最佳避風港，因此儘管各國政府一路降息，仍然可以分批加碼，參與市場資金避險潮。

靈活運用利率週期，提升資產投資報酬率

不同資產有各自適合進場的利率環境，雖然有人說股票長期投資就能獲利，收息資產可以買了就進入睡眠模式收息，但若能在不同利率變化時點，更精確地加減碼各利率階段受惠資產，更可以提升資產投資的精準度與報酬率。以下再做一個簡單的整理：

升息初期、升息中期

投資人可以著墨風險性資產。債券部分，可布局高收益債券

與新興市場債券。股票部分，則是鎖定景氣復甦期會先上漲的已開發國家大型股，以及升息中期會有亮眼表現的已開發國家小型成長股、新興國家股市。

升息末期、降息階段

投資人可以在升息末期時，超前部署公債、投等債、特別股、台灣 REITs 等收息資產。等到股市空頭，央行開始降息救市，避險資金所追逐的收息資產不僅抗跌，還會上漲，讓你的資產報酬率大幅提升，達到事半功倍的財富累積效果。

3-2
全球低利率化趨勢下 應超前部署收息資產

近 20 年來，全球各國利率愈走愈低，雖然歷經了數次升息以及降息循環，但每一次的利率高點都比上一次循環的利率高點更低。觀察 2000 年以來，美國基準利率（目標聯邦資金利率，Target Fed Fund Rate）走勢，2000 年高峰是 6.5%，歷經科技泡沫、央行降息救市，景氣再次復甦，央行開啟了新一波的升息循環；到了 2007 年，美國基準利率高峰是 5.25%。

其後又歷經 2008 年金融海嘯，央行再度救市，景氣再度復甦；2015 年底起聯準會又開啟升息循環，於 2018 年來到美國基準利率高峰，這次卻只有 2.5%。可以明顯看出，這 20 年來每一次的基準利率高峰，都比前一次更低。

2020 年全球有 25% 公債為負利率

自 2012 年 7 月，丹麥成為全球第 1 個實施負利率的國家，接著歐元區、瑞士、瑞典、日本相繼實施負利率政策。根據統計，截至 2020 年 8 月 6 日全球公債當中，有 25% 為負利率（詳見圖 1），合計 15 兆美元。隨著 2020 年疫情重創全球經濟，全球央行救市開啟降息競賽，紐西蘭、英國甚至表明，曾經將負利率作為救市選項。

截至 2020 年 8 月，全球已開發國家央行基準利率多在 0.3% 以下。觀察各國央行基準利率，日本已是負利率，歐盟隔夜存款利率為負 0.5%，其他已開發國家如美國、加拿大、澳洲、英國的基準利率都在 0.3% 以下（詳見表 1），與零利率的距離也相距不遠了。

而屬於新興與開發中國家的台灣基準利率為 1.125%，中國則為 3.85%，另南韓為 0.5%，明顯高於已開發國家的基準利率。

2 原因使利率愈來愈低，高利率時代難重現

20 年來利率愈來愈低，而且過去的高利率時代也回不去了，有 2 大原因：

原因 1》歐日開啟負利率後，全球利率往下沉淪

利率高低會影響貨幣升貶，進而影響各國出口競爭力。若一國利率相對他國太高，會吸引外資投入當地債券及資本市場，

表1 2020年8月已開發國家利率多低於0.3%
——2020年8月主要市場央行利率

已開發市場	央行利率（%）	新興&開發中市場	央行利率（%）
美國	0.250	中國	3.850
加拿大	0.250	台灣	1.125
澳洲	0.250	馬來西亞	1.750
英國	0.100	韓國	0.500
歐盟	-0.500	菲律賓	2.250
日本	-0.100		

註：歐盟為隔夜存款利率　　資料來源：財經 M 平方

貨幣將會升值，進而影響該國出口競爭力；而未來一旦降息，也將面臨資金撤出該國貨幣，造成重挫。

所以國與國之間的利率差異不能太大，利差太大會直接影響出口競爭力，也會影響當地資本市場的波動。因此當歐、日由正利率邁向負利率後，其他工業國家英國、美國、加拿大、澳洲、紐西蘭的利率也慢慢往下調，全球利率一起往下沉淪。

原因 2》各國紛紛以印鈔、購買公債壓低市場利率

從 2008 年金融風暴後，美國開始實施 QE（量化寬鬆貨幣政策），擴大央行資產負債表，之後印鈔、購買公債，進而壓低利率，以促進企業投資與借款的需求。接著就如我們所見，歐洲央行與日本央行開始實施負利率，進行史無前例的救市。

隨著各國救市逐漸奏效，全球景氣開始有好轉跡象，美國也慢慢啟動升息循環。到了 2020 年發生新冠肺炎（COVID-19）疫情，少有國家倖免；各國央行為了刺激經濟，韓國、加拿大、英國、澳洲等，也都效法美國，紛紛加入量化寬鬆行列，執行印鈔、救市、買債的拯救經濟三部曲。

我們來觀察歐美日三大央行的 M2 貨幣供給量。所謂 M2 的簡單定義是指現金以及可立即變現的廣義貨幣（詳見註 1）。2003 年 9 月，歐美日三大央行 M2 貨幣供給量為 17 兆美元，但到了 2020 年 9 月 M2 供給量為 45 兆美元，比 17 年前足足增加了 164%（詳見圖 2），可以知道貨幣增加

註 1：按中央銀行的定義，M2 包括通貨淨額＋活期存款＋活期儲蓄存款＋支票存款（本票、保付支票、旅行支票）＋定期性存款、外匯存款、郵政儲金……等準貨幣（可無條件立即按等價兌換成狹義貨幣的貨幣性資產）。

幅度很高。再加上各大央行刻意買債壓低利率，債券殖利率愈來愈低。

全球邁入老年化社會，債券市場的需求增加

根據聯合國 2019 年人口報告（詳見註 2），每位婦女的生育率由 1990 年代 3.2 個小孩，到 2019 年每位婦女生育

2.5 個小孩。生育小孩數目下降，加上平均壽命增長，形成全球人口老化潮。老年化社會來臨，將增加儲蓄率，提升存款、債券需求，也間接推動債券利率走低。

台灣目前也面臨老年化時代的到來，根據國發會統計，2018 年台灣已進入高齡社會（65 歲以上人口占總人口 14.6%）。國發會並估計，台灣 2025 年將進入超高齡社會，65 歲以上人口將占總人口 20%；到了 2050 年，全台灣將有 36% 為 65 歲以上人口。

老年化的社會，加上台灣原本的高儲蓄率，造成游資愈來愈多，利率愈來愈低的情況，這正是因為老年人的心態是寧願低息也要保本，而不願積極做其他風險投資。

那麼，利率都已經夠低了，還有可能會更低嗎？例如美國 10 年期公債殖利率僅 0.71%（截至 2020 年 8 月 31 日），很接近零利率，看起來債券價格往上漲的空間也不太多——這個就是一般投資人的迷思，只看到「利率與零的距離」。

註 2：聯合國 2019 年人口報告：https://population.un.org/wpp2019/。

事實上，市場上法人的眼光不是這樣。觀察同樣是避險公債的德國 10 年期公債殖利率是 -0.40%；美國 10 年期公債殖利率比德國公債高出 1.11 個百分點（0.71% 減去 -0.40%）。

所以，雖然許多投資人認為美國利率低無可低，但在公債投資人眼裡，相對德國公債目前為負利率，美國公債殖利率是高出許多的，當然具有投資誘因，因此美國公債仍有強力買盤。這也說明了，投資收息商品不能只看利率與零的距離，應該要觀察其他國家與負利率的距離。

如果未來是零利率時代，甚至是負利率時代，投資人是否應該超前部署收息資產，先準備好老後的退休現金流？才不會到時成為坐吃山空的「下流老人」！

全球低利率化趨勢可說是「高利率，回不去了！」目前歐洲及日本的負利率情況，正是其他國家未來的寫照，負利率公債也說明了學習與投資收息商品的重要性。掌握全球利率長期走低的趨勢，讀者不妨從容超前部署收息資產，提前準備未來退休的現金流。

3-3
觀察美國短中長期利率指標 即時掌握升降息趨勢

美國是全球經濟大國，也是全球資本市場與金融市場的中心，美國經濟牽動全球經濟走勢，美國利率政策也引導全球大部分國家的利率走向；換句話說，掌握美國利率動向，也就掌握了全球利率動向。但如何觀察美國利率走勢呢？有 3 大利率指標：1. 目標聯邦資金利率；2. 美國 10 年期公債殖利率；3. 美國 30 年期公債殖利率。

短期指標》目標聯邦資金利率

利率決定者

目標聯邦資金利率（Target Fed Fund Rate）就是美國基準利率，是由美國聯邦準備系統旗下的聯邦公開市場委員會

（Federal Open Market Committee，簡稱 FOMC）開會決議的。

FOMC 是由 12 名委員組成，其中 8 個席位是 7 名聯準會委員，以及紐約聯邦準備銀行主席。另外 4 個席位，則由其餘 11 家聯邦準備銀行的行長輪流擔任。

FOMC 會決議和執行公開市場操作，是美國聯邦準備系統中最重要的部門。FOMC 每年要開 8 次會議，每 6 週 1 次，由 12 名委員共同投票，以最多數決來決定未來利率及貨幣政策方向。

意義

目標聯邦資金利率為 FOMC 訂定、作為美國商業銀行之間隔夜拆款的利率。若市場上資金緊俏，聯邦準備銀行將釋放資金，讓拆款利率處於聯邦資金利率目標區間內；而利率水準由聯準會依據就業及通膨目標決定，其利率走勢也被視為美國整體利率市場走勢的先行指標。

歷史走勢

觀察過去目標聯邦資金利率走勢圖(詳見圖 1)可以發現 3 個特點:

1. 升降息總是反覆循環:升息到頂之後就會降息,降息到底再進入升息循環。這20年來從第1次升息到最後1次降息,時間約為 5 年,可以説利率循環以 5 年為 1 次大循環。

2. 升息是逐次且有次序往上升,但降息卻是急遽下跌:觀察利率走勢可以發現,升息是像爬樓梯般,有秩序地逐次升息,反映聯準會在升息期間尚充分與市場溝通。採取逐次升息,而非急遽升息,用以緩衝升息對市場資金的金融衝擊。

但是降息就不一樣了,過去的每次降息都是急速下降模式,並非階梯式逐次降息。這反映金融泡沫發生時,空頭總是迅速來襲,以至於 FOMC 需要以強烈的降息來扶持經濟。

3. 每次利率循環,利率高點一波比一波低:觀察 2000 年到 2020 年,共歷經 3 波利率循環高點(詳見圖 1):

①第 1 波高點 6.5%:此波目標聯邦資金利率高點為 2000

年時的6.5%，隔年開始降息，最低於 2003 年 6 月降至 1%。

②第 2 波高點 5.25%：第 2 波從 2004 年 6 月開始升息，直到 2006 年 6 月達到高峰 5.25%，2007 年 9 月開始降息，2008 年發生金融海嘯急遽降息至零利率。

③第 3 波高點 2.25% ～ 2.5%：歷經 2008 年金融海嘯

降息至零利率後，又於 2015 年 12 月再度升息，這一波在 2018 年 12 月達到利率高點 2.25% ~ 2.5%；直到 2019 年 8 月又開啟新一波降息循環。

從這 3 波循環可以觀察到，每一次的目標聯邦資金利率高峰，都比前一次更低，整體呈現往低點循環的趨勢。

中期指標》美國 10 年期公債殖利率

利率決定者

美國 10 年期公債殖利率是由市場債券買賣雙方決定。

意義

公債有不同年期之分；其中，10 年期公債殖利率的走勢，幾乎就代表了市場利率未來的走向。同時，在投資上還有兩個意義：

1.10 年期無風險債券利率：美國的信用評等高，公債也被視為「不會違約」的債券，因此美國 10 年期公債殖利率也被市場視為 10 年期的無風險債券基準殖利率。

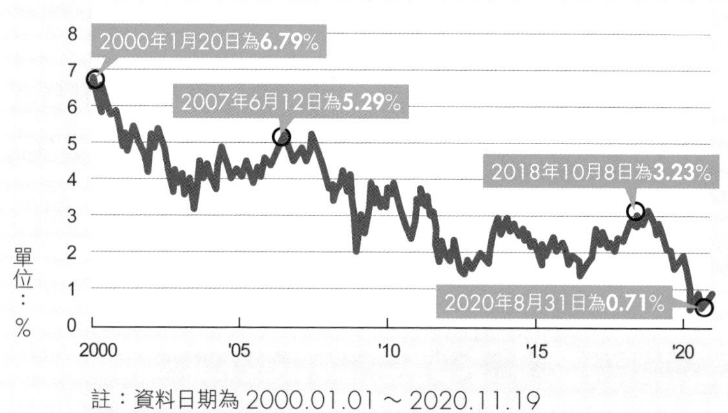

2. **避險指標**：由於美國公債提供無風險的報酬，每當市場空頭時，資金會流入債券市場，躲避市場波動，10 年期美國公債也是金融市場避險指標。

歷史走勢

回顧 2000 年～ 2020 年美國 10 年期公債殖利率走勢（詳見圖 2），可以觀察出殖利率高點也是一波比一波低。

2000 年 1 月，美國 10 年期公債殖利率出現高點 6.79%；歷經降息，並於 2004 年再度升息後的這波循環，殖利率高點出現在 2007 年 6 月，殖利率為 5.29%。

歷經金融海嘯降息至零利率，並於 2015 年底再度升息後，於 2018 年 10 月來到此波殖利率高點 3.23%；可以觀察到，殖利率走勢也是往低點循環。截至 2020 年 8 月 31 日，美國 10 年期公債殖利率為 0.71%。

長期指標》美國 30 年期公債殖利率

利率決定者

美國 30 年期公債殖利率是由市場債券買賣雙方決定。

意義

代表 30 年期的無風險債券基準殖利率，也代表債券投資人對未來長期通膨的看法。

歷史走勢

2000 年～ 2020 年美國 30 年期公債殖利率走勢，同樣

圖3 美國30年期公債殖利率已降至1.47%
——2000～2020年美國30年期公債殖利率

2000年1月18日為**6.75%**
2007年6月12日為**5.4%**
2018年11月2日為**3.45%**
2020年8月31日為**1.47%**
單位：%
8
7
6
5
4
3
2
1
0
2000
'05
'10
'15
'20

註：資料日期為 2000.01.01 ～ 2020.11.19
資料來源：彭博資訊

是高點一波比一波低（詳見圖 3）。

第 1 波出現在 2000 年 1 月 18 日，美國 30 年期公債殖利率為 6.75%；第 2 波利率循環的殖利率高點為 2007 年 6 月 12 日的 5.4%；第 3 波利率循環的殖利率高點則是 2018 年 11 月 2 日為 3.45%。可以觀察到，3 波循環的利率高點，也是往低點循環；截至 2020 年 8 月 31 日，美國 30 年期

表1 **利用3大利率指標，觀察美國利率走勢**
——3大利率指標比較表

利率指標	目標聯邦資金利率（Target Fed Fund Rate）	美國10年期公債殖利率	美國30年期公債殖利率
利率決定者	聯準會	市場交易者	
意義	◎短天期無風險利率 ◎未來貨幣政策引導方向是寬鬆或緊縮	◎10年期的無風險債券基準殖利率 ◎市場上資金的避險指標	◎30年期的無風險債券基準殖利率

公債殖利率為 1.47%。

留意 FOMC 每年 8 次會議的利率政策

要觀察美國的短、中、長期利率走勢，最佳指標分別為上述的目標聯邦資金利率、美國 10 年期公債殖利率、美國 30 年期公債殖利率（詳見表 1）。

而這三者當中，最重要為目標聯邦資金利率，因此務必要留意每年 8 次的 FOMC 會議結果，會議所決定的利率指標走勢，指引著未來利率往上或往下的政策。因為無論是降息或升息，都是一段持續的過程；利率往上走，代表聯準會有意在未來一段時間持續緊縮貨幣，降息則代表聯準會有意在未來一段時間持續寬鬆貨幣，對金融市場注入資金。

至於在 FOMC 沒有開會期間，就可以觀察美國 10 年期以及 30 年期公債殖利率走勢，這兩項是市場對於債券市場未來利率走勢的領先指標。投資人在投資任何美元利率商品時，也可以採取美國這 2 項公債殖利率指標作為基準，去評估該商品高於公債的額外利差，以及所承受的風險是否對等。

3-4 台灣 3 大利率指標長期走低 面臨「零利率保衛戰」

身為台灣的投資人一定要專注台灣利率走勢，不論是持有新台幣資產或有新台幣的負債（房貸、信貸），利率的變化跟走勢都會影響投資人的資產價值或是現金流。新台幣利率非常單純也很好掌握，最重要的 3 大觀察指標如下：

1. 台灣重貼現率。
2. 台灣 10 年期公債殖利率。
3. 台灣 30 年期公債殖利率。

指標 1》台灣重貼現率

利率決定者

重貼現率即為台灣的基準利率，由中央銀行（以下簡稱央行）理監事聯席會議決議。台灣與各國一樣，央行是執行貨幣政策的主管機關，同時管理通貨印鈔，想要掌握貨幣政策的脈動，必須關注央行態度與行動。

意義

台灣重貼現率（Discount Rate）是商業銀行以商業票據向央行融通借款的利率，也是央行控制通貨的手段之一。

當市場資金過多時，央行可提高重貼現率，以促進市場一般利率提升；反之，則降低重貼現率，使市場一般利率下跌。因重貼現率是所有新台幣利率的基準，當央行宣布調升或調降重貼現率的動作時，包含銀行存款、房貸、企業貸款等利率，都會跟著調整。

台灣央行每年有 4 次理監事會議，每季舉辦一次，投資人可以關注每次會議的結果，以掌握目前利率的動向。以 2020 年為例，理監事聯席會議日期為：3 月 19 日、6 月 18 日、9 月 17 日、12 月 17 日。要知道隔年的會議預定日期，可於每年年底於央行官網（www.cbc.gov.tw/tw/mp-1.html）

查詢。

歷史走勢

無論哪個國家的央行，升降息的單位皆是「碼」，1 碼代表 0.25%，半碼代表 0.125%，2 碼代表 0.5%，3 碼代表 0.75%。觀察 2001 年～ 2020 年台灣重貼現率（詳見表 1）可以發現 3 個重點：

1. 升降息總是反覆循環：升息到底之後就會降息，降息之後再度升息。

2. 升息是逐次且有次序往上升，降息步調則相對快速：觀察 2001 年～ 2020 年台灣央行升降息歷程（詳見表 2），可以發現：

①歷年升息循環：升息半碼（0.125%）19 次；升息 1 碼（0.25%）2 次。平均每次升息半碼。

②歷年降息循環：降息半碼（0.125%）9 次；降息 1 碼（0.25%）12 次；降息 2 碼（0.5%）4 次；降息 3 碼（0.75%）

1 次。平均每次降息 1 碼。

升息節奏是逐次像爬樓梯般往上，每次大多是一次升息半碼，以緩衝升息對市場資金的金融衝擊。至於降息則非階梯式逐次降息，並且多採取一次降息 1 碼的幅度，甚至一口氣降息 2 碼或 3 碼；這也反映空頭迅速來襲，需要以更為強烈的降息手段來扶持經濟。

3. 每次利率循環，利率高點愈來愈低

台灣在 2001 年 2 月 2 日啟動降息循環，降息前的重貼現率高點 4.625%。歷經多次降息才於 2003 年停止，最低降至 1.375%（詳見圖 1）。

2004 年 10 月台灣啟動新一波升息循環，於 2008 年達到高點 3.625%；並於當年金融海嘯後開始降息，最低降至 2009 年的 1.25%。

2010 年台灣再度開啟升息循環，並於 2011 年來到高點 1.875%，再於 2015 年起開始降息。可以觀察到，過去 20 年來的台灣利率走勢為往低點循環，而目前台灣重貼現率為

表1 升息多為半碼，但降息1次多調降1碼以上

開會日期	重貼現率（%）	升降息調整幅度（%）	
2000.12.29	4.625	N/A	N/A
2001.02.02	4.375	-0.250	降息1碼
2001.03.06	4.250	-0.125	降息半碼
2001.03.30	4.125	-0.125	降息半碼
2001.04.23	4.000	-0.125	降息半碼
2001.05.18	3.750	-0.250	降息1碼
2001.06.29	3.500	-0.250	降息1碼
2001.08.20	3.250	-0.250	降息1碼
2001.09.19	2.750	-0.500	降息2碼
2001.10.04	2.500	-0.250	降息1碼
2001.11.08	2.250	-0.250	降息1碼
2001.12.28	2.125	-0.125	降息半碼
2002.06.28	1.875	-0.250	降息1碼
2002.11.12	1.625	-0.250	降息1碼
2003.06.27	1.375	-0.250	降息1碼
2004.10.01	1.625	0.250	升息1碼
2004.12.13	1.750	0.125	升息半碼
2005.03.25	1.875	0.125	升息半碼
2005.07.01	2.000	0.125	升息半碼
2005.09.16	2.125	0.125	升息半碼
2005.12.23	2.250	0.125	升息半碼
2006.03.31	2.375	0.125	升息半碼
2006.06.30	2.500	0.125	升息半碼
2006.09.29	2.625	0.125	升息半碼
2006.12.29	2.750	0.125	升息半碼

——2001年～2020年台灣央行重貼現率變化

開會日期	重貼現率（%）	升降息調整幅度（%）	
2007.03.30	2.875	0.125	升息半碼
2007.06.22	3.125	0.250	升息1碼
2007.09.21	3.250	0.125	升息半碼
2007.12.21	3.375	0.125	升息半碼
2008.03.28	3.500	0.125	升息半碼
2008.06.27	3.625	0.125	升息半碼
2008.09.26	3.500	-0.125	降息半碼
2008.10.09	3.250	-0.250	降息2碼
2008.10.30	3.000	-0.250	降息2碼
2008.11.10	2.750	-0.250	降息1碼
2008.12.12	2.000	-0.750	降息3碼
2009.01.08	1.500	-0.500	降息2碼
2009.02.19	1.250	-0.250	降息1碼
2010.06.25	1.375	0.125	升息半碼
2010.10.01	1.500	0.125	升息半碼
2010.12.31	1.625	0.125	升息半碼
2011.04.01	1.750	0.125	升息半碼
2011.07.01	1.875	0.125	升息半碼
2015.09.25	1.750	-0.125	降息半碼
2015.12.18	1.625	-0.125	降息半碼
2016.03.25	1.500	-0.125	降息半碼
2016.07.01	1.375	-0.125	降息半碼
2020.03.20	1.125	-0.250	降息1碼

資料來源：中央銀行

表2 台灣降息速度大於升息速度
——歷年台灣央行重貼現率變化

單次升降幅度	升息	降息
半碼（0.125%）	19次	9次
1碼（0.250%）	2次	12次
2碼（0.500%）	0次	4次
3碼（0.750%）	0次	1次
平均每次	升息半碼	降息1碼

資料來源：中央銀行

1.125%，可知道台灣利率高低點都有愈來愈低的趨勢。

指標 2》台灣 10 年期公債殖利率

利率決定者

台灣 10 年期公債殖利率是由市場債券買賣雙方決定。

意義

台灣 10 年期公債殖利率走勢，幾乎就代表市場利率未來走

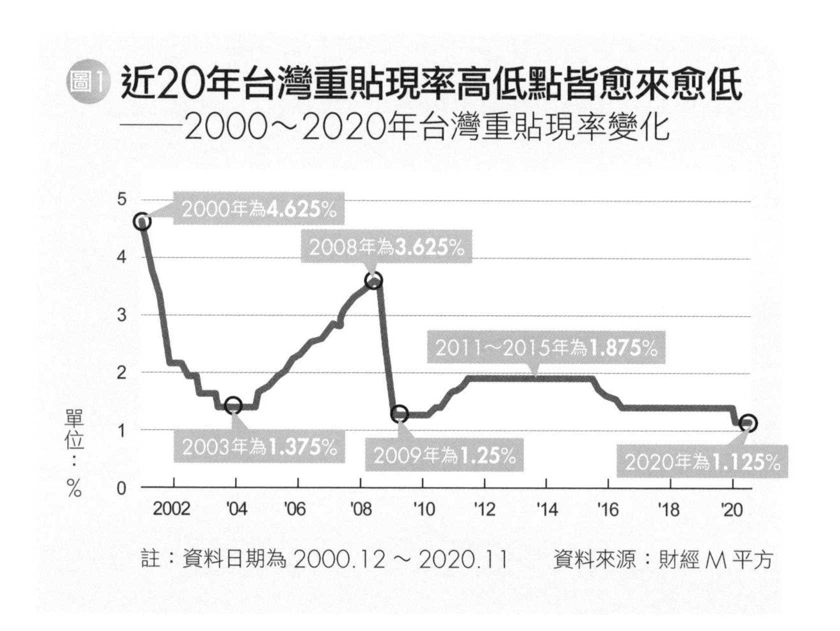

向，在投資上還有兩個意義：

1. **無風險 10 年期新台幣利率**：台灣公債也是高評等債券，被視為不會違約的債券，因此台灣 10 年期公債殖利率，也被市場視為 10 年期的新台幣無風險債券基準殖利率。

2. **避險指標**：由於台灣公債提供無風險的報酬，每當市場空頭時，資金會流入債券市場，躲避市場波動，因此 10 年期台灣公債也是金融市場避險指標。

歷史走勢

觀察 2000 年～ 2020 年台灣 10 年期公債殖利率走勢，殖利率高點呈現一波比一波低的走勢（詳見圖 2）。

2002 年 9 月 2 日新台幣 10 年期公債殖利率為 3.46%，歷經降息後，於下一波升息循環達到 2008 年 6 月 13 日殖利率高點 2.83%。

而後歷經 2008 年金融海嘯降息後，又於 2010 年 6 月～ 2011 年 7 月進入升息循環，並於 2013 年 9 月 6 日來到殖利率高點 1.79%。接下來又於 2015 年進入降息循環，截至 2020 年 8 月 31 日，台灣 10 年期公債殖利率為 0.41%，僅剩 2002 年 9 月的 1/8。

指標 3》台灣 30 年期公債殖利率

利率決定者

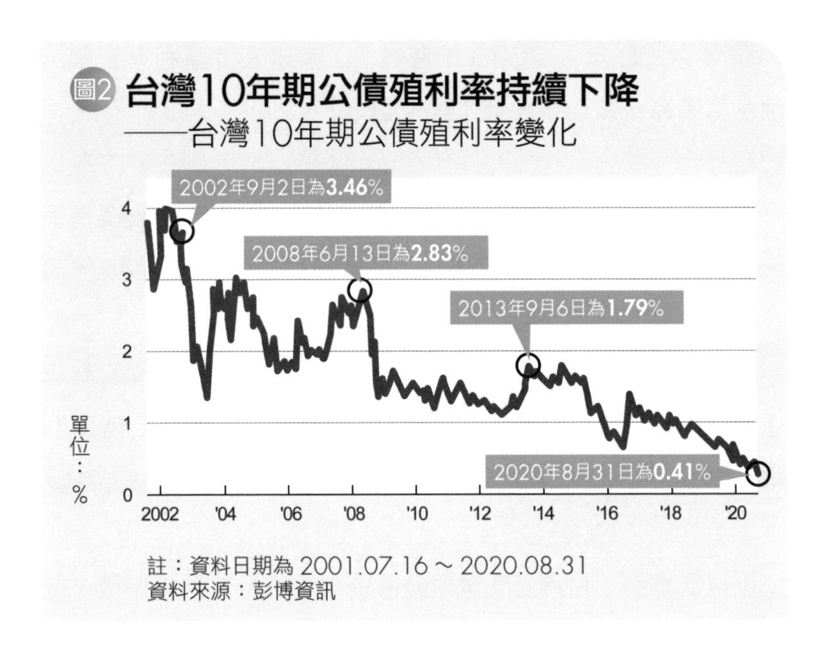

台灣 30 年期公債殖利率是由市場債券買賣雙方決定。

意義

代表 30 年期的無風險債券基準殖利率，可以提供買進 30 年期風險性債券的投資人作為殖利率的基本指標。

歷史走勢

觀察 2000 年～ 2020 年台灣 30 年期公債殖利率走勢，殖利率高點一波比一波低（詳見圖 3）。

2002 年 7 月 2 日台灣 30 年期公債殖利率為 4.25%，下一波利率循環則於 2007 年 11 月 6 日達到殖利率 3.4%。

2008 年～ 2009 年降息循環結束後，又啟動短暫的升息循環，並於 2013 年 8 月 20 日達到台灣 30 年期公債殖利率高點 2.5%。

可以觀察到，台灣 30 年期公債殖利率也是往低點循環，截至 2020 年 8 月 31 日台灣 30 年期公債殖利率為 0.7%，只有接近 2002 年殖利率高點的 1/6。

台美利率原本亦步亦趨，金融海嘯後有 3 差異

台灣升降息步調大多跟美國同步，但升息降息幅度較美國小，但 2009 年後美國推出 QE（量化寬鬆貨幣政策），也維持長時間的零利率，而台灣並未跟進量化寬鬆。因此美國於 QE 退場時，需要收回大量的 QE 資金而於 2015 年底開始升

息時，台灣就沒有同步升息，反而進入降息循環。2016 年～2018 年美國繼續升息，台灣利率則進入凍結期，直到 2020 年 3 月因應疫情衝擊，才又啟動降息措施。

比較台灣與美國的利率變化，有以下 3 點差異：

1. 利空降臨時，台灣降息步調比美國緩和

當金融風暴或重大利空來臨時，台灣降息步調雖比升息時快速，但卻不如美國劇烈。這是因為美國是全球投資資金的集中地，當發生金融泡沫或資金退潮期時，金融市場的反應明顯比他國劇烈，而且可能會引發全球性的金融風暴；因此美國降息時，需要劇烈調降，以快速穩定金融市場。

以 2020 年新冠肺炎（COVID-19）疫情期間為例，美國在 2020 年 3 月連續 2 次降息，一口氣降息 6 碼（由 1.5%～1.75% 降至 0%～0.25%，共降了 1.5 個百分點）。同樣面對疫情衝擊，台灣卻僅降息 1 次，且只降 1 碼（1.375% 降至 1.125%，詳見圖 4）。

美國身為世界金融中心，激烈降息政策有助於穩定市場；而台灣金融市場波動相對較小，並不需要採取如此劇烈的手段。

2. 美國基準利率低於台灣，公債殖利率則高於台灣

觀察台灣重貼現率雖然比美國目標聯邦資金利率高，但是美國的公債殖利率，卻明顯高於台灣公債殖利率。

以 2020 年 8 月 31 日的資料為例（詳見表 3），台灣 10

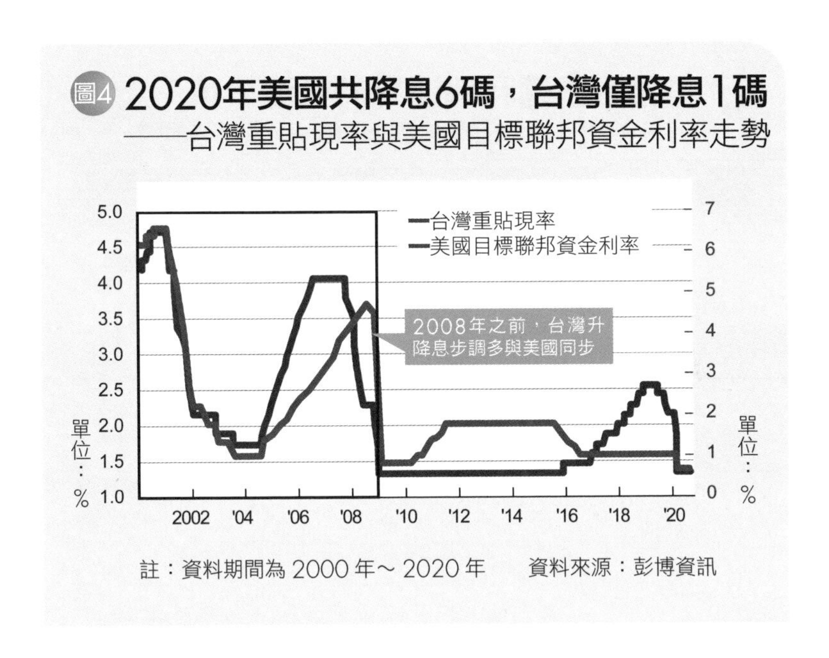

年期公債殖利率為0.41%，30年期公債殖利率為0.7%；美國10年期公債殖利率為0.71%，30年期公債殖利率則為1.47%。

3. 美國公債殖利率曲線陡度，大於台灣公債殖利率

若美國公債天期由10年提升到30年，則殖利率可以由0.71%提升至1.47%，殖利率提升0.76個百分點；若台灣

表3 美國公債殖利率遠高於台灣公債
——美國、台灣的基準利率vs.公債殖利率

利率指標	台灣	美國
基準利率（%）	1.125（重貼現率）	0~0.250（目標聯邦資金利率）
10年期公債殖利率（%）	0.410	0.710
30年期公債殖利率（%）	0.700	1.470

註：資料日期為 2020.08.31　　資料來源：彭博資訊

公債天期由 10 年提升到 30 年，則殖利率可以由 0.41% 提升至 0.7%，殖利率僅提升 0.29 個百分點。

綜合上述第 2、3 點可以發現，台灣公債的殖利率曲線非常平坦，美國公債殖利率曲線則相當陡峭；且美國公債長天期殖利率，又遠高於台灣，因此若要布局長天期收息公債資產，美國公債會更適合長期投資人。

參考台灣長天期法人投資人，例如壽險公司及退休基金，也都選擇將大部分債券部位集中在美國債券上，就是利用延長投資天期，賺取更高的利差。

事實上，截至 2020 年 12 月 9 日，台灣公債殖利率不論是 10 年期或是 30 年期，都已經跌破 0.5%。接下來若利率面臨「零」的保衛戰，隨著台灣進入高齡化社會，就會形成高儲蓄率但投資需求下降的金融環境。

在這樣的環境下，若市場充斥過多的游資，將很可能帶領利率再往下破底，這也是台灣投資人一定要學習收息投資的意義。在利率持續探底之前，高利差資產買好買滿，將是負利率時代的最佳防禦。

第4篇

買 REITs 當商場包租公

4-1
租金收入＋房屋增值 REITs 長期年報酬 8% ~ 11%

許多人都想投資不動產賺取租金收入，但是一般住宅動輒千萬元以上，若是辦公大樓、商場，更是高達數億元，不是普通人可以負擔得起；況且還得想辦法管理租客、維護房屋，需付出不小心力。

不過，只要透過適當的投資商品——REITs，資金有限的小資族，就能夠以輕鬆的方式，成為包租公、包租婆，領取被動的租金收入。

REITs 是不動產投資信託（Real Estate Investment Trusts）的縮寫，集合眾人資金，投資一棟或多棟不動產，甚至是大樓的部分樓層，以賺取租金與增值所帶來的獲利，讓小額投資人能以較低門檻，參與分散投資優質不動產的機會。

2005年3月，台灣即發行第1檔REITs

REITs在台灣已有15年以上的歷史。政府在2003年7月23日公布施行《不動產證券化條例》，希望藉此提高國內的不動產流動性，並且增加不動產公司的籌資管道，有效開發利用不動產，同時藉由證券化活絡不動產市場。

2005年3月，台灣第1檔REITs「土銀富邦R1」(01001T)問世，簡稱「富邦一號」，設立規模新台幣58億元；同年「國泰一號」(土銀國泰R1，代號01002T)、「新光一號」(兆豐新光R1，代號01003T)也陸續發行。其中，國泰一號設立規模為新台幣139億元，為台灣最大型REITs，新光一號則以發行規模113億元居次。

這3檔REITs都是以壽險事業為主體的大型金控公司所發行，而REITs持有標的類型，也以商辦、商場、旅館為大宗。此後又陸續有數檔REITs掛牌上市，近年新掛牌的2檔都出現在2018年，分別為「圓滿一號(王道圓滿R1，

表1 台灣7檔REITs多持有商辦與商場

REITs名稱（股票代號）	簡稱	發行規模（億元）
土銀富邦R1（01001T）	富邦一號	58
土銀國泰R1（01002T）	國泰一號	139
兆豐新光R1（01003T）	新光一號	113
土銀富邦R2（01004T）	富邦二號	73
兆豐國泰R2（01007T）	國泰二號	72
王道圓滿R1（01009T）	圓滿一號	30
京城樂富R1（01010T）	樂富一號	105

註：1.REITs 名稱為受託機構及發行機構的組合，例如「土銀富邦 R1」指的受託銀行為土地銀行，發行機構為富邦金控，R1 則為該檔 REITs 的發行編號；

代號 01009T）」及「樂富一號（京城樂富 R1，代號 01010T）」，後者是台灣首檔有投資海外的 REITs。

統計台灣歷年來共有 10 檔 REITs 掛牌，其中有 3 檔因受金融海嘯影響，導致股價跌破淨值，受益人決議將 REITs 清算下市，分別為三鼎（01005T）、基泰 SR（01006T）與駿馬一號（01008T）。因此截至 2020 年 11 月，在台股掛牌交

——台灣7檔REITs發行規模及標的類型

管理機構	信託機構	持有不動產類型
富邦建經	土地銀行	商辦、商場、國內REITs
國泰建經	土地銀行	商辦、商場、旅館
新昕國際	兆豐銀行	商辦、商場、住宅
富邦建經	土地銀行	商辦、廠辦、海內外REITs
國泰建經	兆豐銀行	商辦
信義全球資產	王道銀行	商辦、商場
晶華公寓大廈管理維護公司	京城銀行	商辦、商場、旅館、物流中心、海外REITs

2. 表中發行規模僅取至新台幣億元為單位
資料來源：公開資訊觀測站

易的 REITs 一共有 7 檔（詳見表 1）

相較不動產，投資 REITs 有 3 大優點

跟投資不動產相比，投資 REITs 有 3 大優點：

1. 可分散投資優質標的

一般投資人一生中很難靠自己獨立投資一棟商業不動產，除非是身價 10 億元以上或是本身擁有不動產經營公司。但透過 REITs，卻可以實現當商辦跟商場房東的夢想。

REITs 主要是集合眾人資金一起投資多棟商業不動產，因此投資人只要支付小筆資金，就能以相當低的門檻成為這些不動產的共同主人，共享租金收益，參與高額商業不動產投資機會，並達到分散投資的效果。

2. 在台股掛牌交易 REITs，流動性優於不動產市場

實質持有不動產，不管買進或賣出都不容易，變現性差，流動性也不佳。而 REITs 是一種證券化的商品，買賣 REITs 的方式就等同於交易股票，相當簡單，流通性明顯勝過不動產。

若要投資 REITs，只需在開盤時間買進，不需跟買入不動產一樣，還要準備過戶、辦理房貸、繳納契稅等繁瑣的購屋流程。

同樣地，若要取回 REITs 投資資金，可以直接在股市中賣出，也不需像出售不動產一樣還要委託仲介銷售，歷經繁瑣的不動產買賣過戶流程。

3.REITs 有專業機構管理，免去投資人自行管理的煩惱

若是實際持有不動產，自然需要負擔管理、維護等相關繁雜事務。但是投資 REITs 就輕鬆多了，每檔 REITs 都有委託專業的物業管理團隊及信託機構。物業管理機構負責不動產經營、租務管理、修繕事務等；信託機構則負責管理整個信託機構基金的資金保管、盈餘分配等相關行政事項。

有了這兩大專業機構代為處理一切事務，REITs 投資人不須煩惱繁雜的管理問題，就能輕鬆參與不動產租金收入及潛在增值效益。

留意 3 大風險，避免獲利不如預期

那麼，投資 REITs 需要承擔哪些風險？

1. 股價波動大於不動產

REITs 可以在股票市場交易，而股市是次級市場（二手交易市場），價格由市場買方跟賣方決定，因此自然會出現超買或超賣的情況，股價的波動程度，就會大於不動產價格波動。

圖1 土銀國泰R1股價高低點相差約139%
——土銀國泰R1（01002T）股價走勢圖

註：資料日期為 2008.02 ~ 2020.11　　資料來源：XQ 全球贏家

圖 1 是土銀國泰 R1 近 12 年來的股價走勢，可以看到 2008 年股價低於 10 元，但是 2013 年卻高達 21 元，REITs 價格波動會明顯高於不動產。

2. 流動性較差，單日交易量不高

REITs 的成交量普遍偏低，觀察 2020 年 9 月 30 日當日所有 REITs 成交資料（詳見表 2），只有兆豐新光 R1 和土銀富

表2 台灣REITs單日交易量多在百張以下
——台灣7檔REITs單日交易量

REITs名稱（股票代號）	成交量（張）	成交金額（萬元）
土銀富邦R1（01001T）	32	58.7
土銀國泰R1（01002T）	34	62.8
兆豐新光R1（01003T）	644	1,347.8
土銀富邦R2（01004T）	108	175.8
兆豐國泰R2（01007T）	23	44.0
王道圓滿R1（01009T）	42	41.1
京城樂富R1（01010T）	33	34.2

註：資料日期為 2020.09.30　　資料來源：台灣證交所

邦 R2（01004T）單日成交量有超過百張，其他都在 50 張以下，流動性較差。因此若要投資 REITs，建議可以分散多檔，以提高投資組合流動性。

3.REITs 受不動產景氣影響

當整體經濟景氣不好時，會衝擊商辦需求，降低出租率。相對地，當整體經濟景氣熱絡時，獲外資、台商增加對台灣的投資，擴充台灣經商規模，則會增加商辦需求，進而提高商業不動產出租率，並增加租金收入。

另外，**REITs 本身也需承受不動產建物風險**，若 REITs 持有的不動產建物本身遭受地震、火災、周邊環境變化（例如商圈移轉），REITs 的價值也會因此出現減損，這些都是投資人需承擔的潛在風險。

REITs 收益穩定，為收息資產首選

雖然仍有風險需要承擔，不過整體而言 REITs 仍是瑕不掩瑜。觀察經歷過金融海嘯的 5 檔 REITs，可以看到事件發生的 2008 年、2009 年，跟發生之前的 2007 年、最近配發年度 2019 年相比，配息都相當穩定（詳見表 3）。

以兆豐新光 R1 為例，2007 年每股配發 0.38 元，2008 年、2009 年都是 0.39 元，到了 2019 年則是每股配發 0.38 元，可見長期的配息穩定度相當不錯，遇到金融風暴，配息金額仍然不間斷。這是因為 REITs 的持有標的以商用不動產為主，包括辦公大樓、商場、飯店旅館等，都是長期租約，租金收入來源穩定，甚至在金融風暴期間也並未受到影響；不像普通股

 台灣5檔REITs經歷金融海嘯仍穩定配息
——台灣7檔REITs配息概況

REITs名稱（股票代號）	配息（元/股）			
	2007年	2008年	2009年	2019年
土銀富邦R1（01001T）	0.45	0.46	0.44	0.40
土銀國泰R1（01002T）	0.41	0.44	0.48	0.42
兆豐新光R1（01003T）	0.38	0.39	0.39	0.38
土銀富邦R2（01004T）	0.48	0.41	0.40	0.36
兆豐國泰R2（01007T）	0.29*	0.42	0.42	0.43
王道圓滿R1（01009T）	尚未發行			0.30
京城樂富R1（01010T）				0.32

註：1. 本表年度為股利發放年度；2. 省略 2010 年～ 2018 年配息；3.* 兆豐國泰 R2 於 2007 年發放 2006 年股利時，發行時間未滿 1 年（2006 年 10 月 13 日上市），因此跟其他完整發行年度相比金額較低；4. 王道圓滿 R1、京城樂富 R1 於 2018 年發行
資料來源：Goodinfo! 台灣股市資訊網

票，一旦遇到金融風暴，公司本身營運與獲利受到衝擊，股東就有可能面臨股利大幅縮水或是領不到股利的窘境。

許多投資人都誤以為，REITs 的年報酬率只有 2% ～ 3%，這是因為大家都以為，REITs 只能享有租金報酬率，沒有其他

表4 成立10年以上的REITs，年報酬率8%～11%

REITs名稱（股票代號）	成立年月	規模（億元）	收盤價（元/股）	
土銀富邦R1（01001T）	2005.03	58	18.36	
土銀國泰R1（01002T）	2005.09	139	18.48	
兆豐新光R1（01003T）	2005.12	113	21.10	
土銀富邦R2（01004T）	2006.04	73	16.37	
兆豐國泰R2（01007T）	2006.10	72	18.99	
王道圓滿R1（01009T）	2018.06	30	9.79	
京城樂富R1（01010T）	2018.11	105	10.38	

註：1. 收盤價為 2020.09.30；2. 累積漲幅、累積股利率、總報酬率四捨五入至整數

價格增值空間；這想法根本就忽略了不動產房價以及土地增值的潛力，錯過了 REITs 實際上有 8% ～ 11% 的長期投資年報酬率。

觀察台灣掛牌 7 檔 REITs，其中 5 檔在 2005 年～ 2006 年發行，發行價為每股 10 元。截至 2020 年 9 月 30 日，股價累積漲幅 63% ～ 110% 之間（詳見表 4）；再加上歷年

——台灣7檔REITs成立以來的報酬表現

股價累積漲幅（%）	累積股利率（%）	年數（年）	總報酬率（%）	平均年報酬率（%）
83	67	15	150	10.0
84	64	15	148	9.8
110	52	15	162	11.0
63	55	14	118	8.4
89	60	14	149	10.6
-2	6	2	4	2.0
3	7	2	10	5.0

資料來源：台灣證交所、公開資訊觀測站

累積股利率達 52% ～ 67%（累積股利除以發行價），總報酬率高達 118% ～ 150%，換算投資期間 14 年～ 15 年，平均年報酬率約為 8.4% ～ 11%。

其中，年平均報酬率最高的為兆豐新光 R1，成立 15 年來股價累積漲幅 110%，累積收息 52%，總報酬率 162%，換算 15 年平均年報酬 11%。

而年報酬率最低的為土銀富邦 R2，成立 14 年來股價累積漲幅 63%，累積收息 55%，總報酬率 118%，換算 14 年平均年報酬 8.4%。

可見長期投資 REITs，並不只有少少的配息可以領，對於想追求長期穩定報酬的投資人來說，REITs 平均 8% ～ 11% 的年度報酬率，應該是相當令人滿意的。

4-2
搞懂交易眉角 不錯失股利、稅負優惠

沒有買過 REITs 的投資人，面對陌生的商品，多少會有點恐懼；實際交易 REITs 時，股利多久領一次？需要付出什麼交易成本？有沒有稅負優惠？以下帶你一一了解。

配息頻率》每年或每半年配一次

REITs 投資人每年都能領到股利收入，目前台灣 7 檔 REITs 有年配（每年領 1 次）或半年配（每年領 2 次）這 2 種（詳見表 1）。

1. 年配

土銀富邦 R1（01001T）、土銀國泰 R1（01002T）、兆

豐新光 R1（01003T），這 3 檔自成立以來多在每年 4 月或 5 月除息，並於 6 月發放股利。

2. 半年配

土銀富邦 R2（01004T）、兆豐國泰 R2（01007T）、王道圓滿 R1（01009T）、京城樂富 R1（01010T），這 4 檔自成立以來，上半年多在 3 月或 5 月除息，並於 4 月～6 月發放股利；下半年則分別在 8 月～ 11 月除息，並於 10 月～ 12 月發放股利。

投資人所領到的股利，來源就是 REITs 的每期各項收入（包含租金、利息等），在配發股利前會減去各項費用及修繕準備金。REITs 會在每期算出收入減去支出後的「淨投資收益」，這筆錢在下一年度的財報會顯示為「可分配收益餘額」，部分 REITs 會提撥特別盈餘公積，並將剩餘金額於隔年 100% 配發給投資人。

以兆豐新光 R1 為例，2019 年期初可分配收益餘額為 4 億 3,303 萬 7,630 元（詳見圖 1），當年就 100% 全數配發給投資人。

表1 若為年配息，多半於5、6月發放股利
——台灣REITs配息頻率、除息及發放月份紀錄

REITs名稱（股票代號）	配息頻率	除息月份	股利發放月份
土銀富邦R1（01001T）	年配	4月或5月	6月
土銀國泰R1（01002T）	年配	5月	6月
兆豐新光R1（01003T）	年配	4月	5月
土銀富邦R2（01004T）	半年配	3月、9月	5月、11月
兆豐國泰R2（01007T）	半年配	5月、11月	6月、12月
王道圓滿R1（01009T）	半年配	3月、9月	4月、10月
京城樂富R1（01010T）	半年配	3月、8月	4月、10月

註：除息月份僅為過去配發紀錄的統計，並未在 REITs 章程中載明；實際除息及股利發放時程可能會因當年作業時間有所調整
資料來源：公開資訊觀測站、Yahoo 奇摩股市

若兆豐新光 R1 以 11 億 3,000 萬個單位計算，投資人每持有一個單位（1 股），2018 年就可領到每股 0.37 元的配息。假設持有成本是每股 14.9 元，那麼殖利率就是 2.48%。

稅負優惠》高所得族投資 REITs，課徵稅率較低

直接持有不動產收租，租金收入要納入個人所得稅合併計

透過財報檢視REITs的可分配收益餘額——兆豐新光R1（01003T）收益分配表

兆豐國際商業銀行股份有限公司受託經管兆豐新光一號不動產投資信託基金專戶

收益分配表

民國 108 年及 107 年 1 月 1 日至 12 月 31 日

單位：新台幣元

	108年度	107年度
期初可分配收益餘額	$433,037,630	$419,196,591
本期純益	423,094,841	432,703,852
資產修繕維護支出準備金專戶當期餘額變動數	8,034,531	333,778
減：收益分配	(433,037,630)	(419,196,591)
期末可分配收益餘額	$431,129,372	$433,037,630

資料來源：公開資訊觀測站之「108 年度兆豐新光 R1 財務報告書」

算。若高所得族持有不動產收租，稅率最高可達 40%；且租金收入超過 2 萬元，還須課徵健保補充費 1.91%。

若改以 REITs 方式投資，因為 REITs 配息稅負採 10% 分離課稅，並且免收健保補充費 1.91%，對於所得稅邊際稅率高於 10% 的投資人，REITs 相對享有稅負優惠。

 **REITs變現性較高且投資門檻低**
——投資REITs與不動產優缺點比較

項目	投資REITs	直接投資不動產
投資門檻	低	高
收入	股利收入	租金收入
稅負高低	低（分離課稅10%）	高（個人綜所稅、地價稅、房屋稅、保險費等）
賣出不動產時增值稅負	獲利免所得稅	房地合一稅、土增稅
變現性	相對高	相對低
管理方式	委託專業機構管理	自行管理

而且，直接投資一般不動產，買賣時的交易成本也相當高。買進不動產時，需要支付契稅、印花稅、地政登記規費，還有過戶時要付給代書的費用；加上過戶需要時間，使得一般人一生中買賣不動產的交易成本很高。

持有不動產期間還須自行繳納地價稅、房屋稅及保險費。未來要賣出時，同樣要付仲介費、土地增值稅、房地合一稅等額外費用及花費時間，出售不動產的時間也動輒好幾個月以上。

表3 **REITs交易成本遠低於不動產**
——REITs、股票、不動產稅費比較

支付成本	REITs	股票	不動產
買進	手續費率0.1425%	手續費率0.1425%	契稅、印花稅、仲介費、地政登記規費、過戶代書費用等
賣出	手續費率0.1425%、不須課徵證交稅	手續費率0.1425%、證交稅率0.3%	土地增值稅、房地合一稅、仲介費等
持有期間	**健保補充費**：無 **稅負**：股利收入分離課稅10%	**健保補充費**：股利單筆收入2萬元以上須收取 **稅負**：股利收入分離課稅28%或列入個人綜所稅計算	**健保補充費**：租金單筆收入2萬元須收取 **稅負**：租金收入列入個人綜所稅計算、地價稅、房屋稅、保險費等

註：1. 截至 2020 年底，健保補充費率為 1.91%，日後可能隨法規調整；
2. 自 2018 年起股利所得稅為 2 擇 1：「28% 分離課稅」、「股利列入個人所得總額，可抵減稅額 8.5%（上限 8 萬元）」

所以，一般人若要直接投資不動產，會面臨稅負高、投資金額高、變現不易等問題（詳見表 2、表 3）。但透過 REITs 來間接持有不動產，**REITs 買賣成本與一般台股相同，僅需負擔**

證券買賣的手續費，且 REITs 目前享有證交稅免稅的優惠，所以與一般股票比較起來，交易成本較低。整體來說，買賣 REITs 有投資門檻低、稅負低、變現速度快等諸多好處。

4-3
不動產增值反映在 REITs 淨值 進一步推升投資獲利

成為包租公是許多投資人的夢想，包租公的迷人之處在於租金是每日計算，日日有被動租金收入，每天睡了一覺就賺到當天租金。除此之外，身為包租公，若有正確眼光選到好物件長期收租，再加上不動產地段的長期增值，身價將能節節上升。

不動產價格高不可攀，要成為包租公的投資門檻相當高，對小資族來說是一個很難跨越的門檻，但透過 REITs 卻可以讓小資族輕易實現包租公的夢想，也能藉此取得成為不動產大富翁的入場門票。

REITs 收息獲利方程式，跟包租公的獲利模式一樣（詳見圖1），而投資 REITs 就如同投資一籃子優質商業不動產，更可

圖1 **包租公的獲利來源來自租金與長期增值**
——不動產包租公獲利方程式

以分散標的，減少集中風險。

不動產獲利來源來自於兩部分：一部分是長期賺取累積配息（淨租金收益）；另一部分就是不動產潛在長期增值的部分，包括現有建築物、土地的估價增值，或是未來都更及重建後的增值，甚至是出售不動產的增值利益。

每 3 個月重新估價不動產，並調整 REITs 淨值

REITs 旗下資產是一籃子商業不動產、現金、應收帳款、預付費用及金融投資，淨值則為一籃子不動產的估價，以及上述金融資產扣除負債的部分。由於不動產價值會隨市場變動，目前台灣 REITs 的不動產價值每 3 個月會重新估價一次，估價增

表1 台灣5檔REITs淨值，8年多漲幅最高達42%

REITs名稱（股票代號）	年初淨值（元/單位）				
	2012	2013	2014	2015	2016
土銀富邦R1（01001T）	16.85	18.50	18.80	18.90	18.63
土銀國泰R1（01002T）	13.15	14.38	15.98	16.44	17.90
兆豐新光R1（01003T）	14.37	15.10	15.69	16.49	17.64
土銀富邦R2（01004T）	12.65	14.51	14.77	15.00	14.98
兆豐國泰R2（01007T）	14.08	15.30	17.02	18.09	18.81

註：1. 僅列出 5 檔在台成立 5 年以上的 REITs；2.* 富邦一號（土銀富邦 R1）在 2013 年～ 2016 年之間處分整棟資產天母富邦大樓，並分配處分利益，所以淨值相較其他 REITs 上升較少；3. 漲幅無條件捨去至整數

加或減少部分將反映在淨值裡面，若估價上升會帶動 REITs 淨值走升，淨值會每日公布在公開資訊觀測站當中。

REITs 淨值如同不動產走勢一樣，因為土地價格長期走升，也會帶動 REITs 淨值長期上揚。觀察 5 檔成立超過 8 年的 REITs 淨值表現（詳見表 1），以 2012 年初與 2020 年 9 月 18 日淨值相比，8 年多來的淨值成長幅度有 11% ～ 42% 的水準。

——2012～2020年台灣掛牌REITs淨值

2017	2018	2019	2020.09.30淨值（元/單位）	漲幅（%）
17.98	17.89	18.11	18.80	*11
18.08	18.44	18.86	18.75	42
17.58	17.60	17.64	17.63	22
14.85	14.91	15.20	15.23	20
18.13	18.76	19.33	19.81	40

資料來源：公開資訊觀測站

1. 土銀富邦 R1（01001T）：2012 年初每單位淨值 16.85 元，2020 年 9 月 30 日淨值 18.8 元，累積上升 11%。富邦一號在 2013 年～ 2016 年之間處分一棟資產天母富邦大樓，並分配處分利益，所以淨值相較其他 REITs 上升較少。

2. 土銀國泰 R1（01002T）：2012 年初每單位淨值 13.15 元，2020 年 9 月 30 日淨值 18.75 元，淨值累積上

升 42%。

3. 兆豐新光 R1（01003T）：2012 年初每單位淨值 14.37 元，2020 年 9 月 30 日淨值 17.63 元，淨值累積上升 22%。

4. 土銀富邦 R2（01004T）：2012 年初每單位淨值 12.65 元，2020 年 9 月 30 日淨值 15.23 元，淨值累積上升 20%。

5. 兆豐國泰 R2（01007T）：2012 年初每單位淨值 14.08 元，2020 年 9 月 30 日淨值 19.81 元，淨值累積上升 40%。

3 大因素影響 REITs 股價高低

REITs 的股價表現，與利率、房價、租金息息相關，以下是影響 REITs 股價的 3 大主要因素：

因素 1》利率走勢

不動產的價格走勢與利率走勢相反，因為大多數房地產投資人是以借貸形式投資，所以貸款利率愈高，投資不動產的成本愈高、壓力愈大。而當成本愈高，相對就會壓縮獲利空間，也連帶影響 REITs 股價下滑。

反之，若利率走低，會降低不動產投資成本，提升投資的獲利空間，也增加投資不動產的吸引力，進而推動 REITs 股價走高。更重要的一點是，台灣 REITs 歷年配息金額穩定，故當利率走低時，REITs 憑著較高的配息率（主要與無風險的銀行存款利率相比），往往能夠獲得更多投資人青睞；想買進的人多了，原本持有的投資人則可能惜售，自然也會成為 REITs 股價上漲的動能。

例如 2020 年隨著全球新冠肺炎（COVID-19）疫情蔓延，美國聯準會將目標聯邦資金利率（Target Fed Fund Rate）調降至接近零，台灣也於 3 月 20 日降息 1 碼至 1.125%；台灣 5 大行庫房貸利率隨之調降，2019 年 5 月還有 1.65%，2020 年 3 月後下降至 1.35% 左右（詳見圖 2）。低利率環境推升不動產投資吸引力，明顯為 2020 年下半年以來的房市加溫（詳見圖 3）。

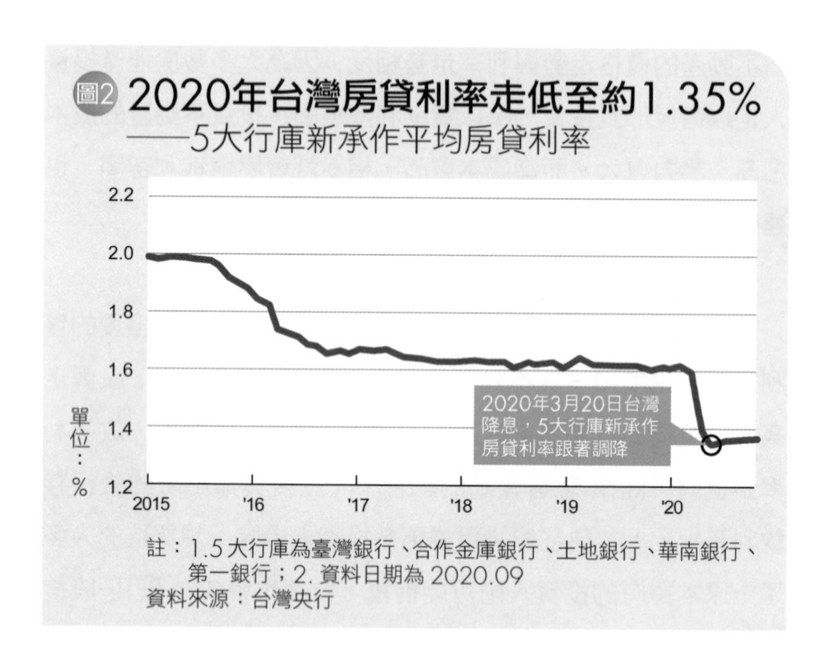

因素 2》不動產景氣及政府管制措施

REITs 既然是持有不動產，股價也跟著不動產景氣連動——不動產景氣熱絡、整體房價走勢往上，將帶動 REITs 的估價與淨值上升。然而，不動產景氣又會受到政府管制措施影響。

觀察台灣不動產的歷史，2008 年金融風暴之後，台灣房地產景氣愈趨熱絡，REITs 股價也一路走高。快速上漲的房市讓

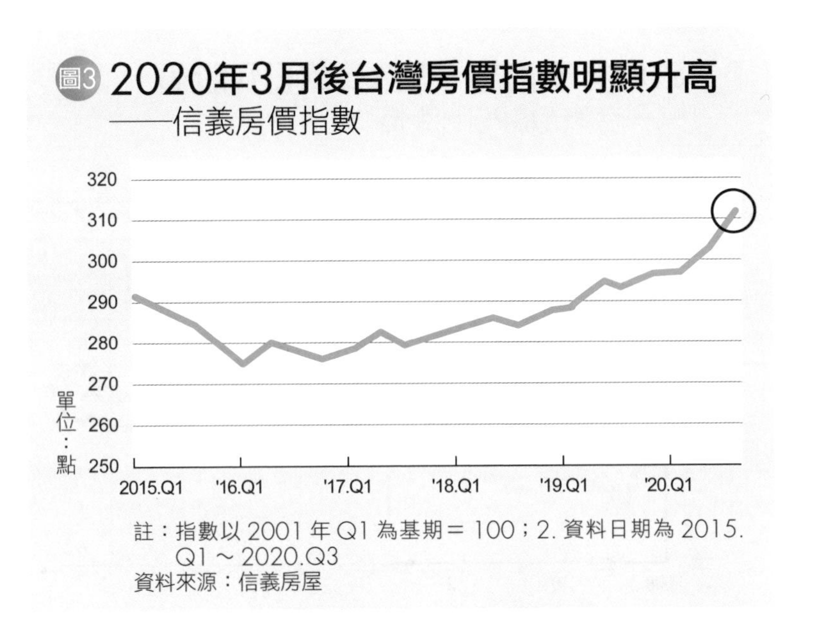

政府面臨輿論壓力，因此 2010 年開始陸續祭出 4 波打房措施，包括限制房貸成數、推出奢侈稅、豪宅信用管制、實施房地合一稅⋯⋯等。

打房初期其實未見明顯成效，直到 2013 年之後政府加重打房，不動產景氣才開始下滑，REITs 股價也跟著一路走低（詳見圖 4）。

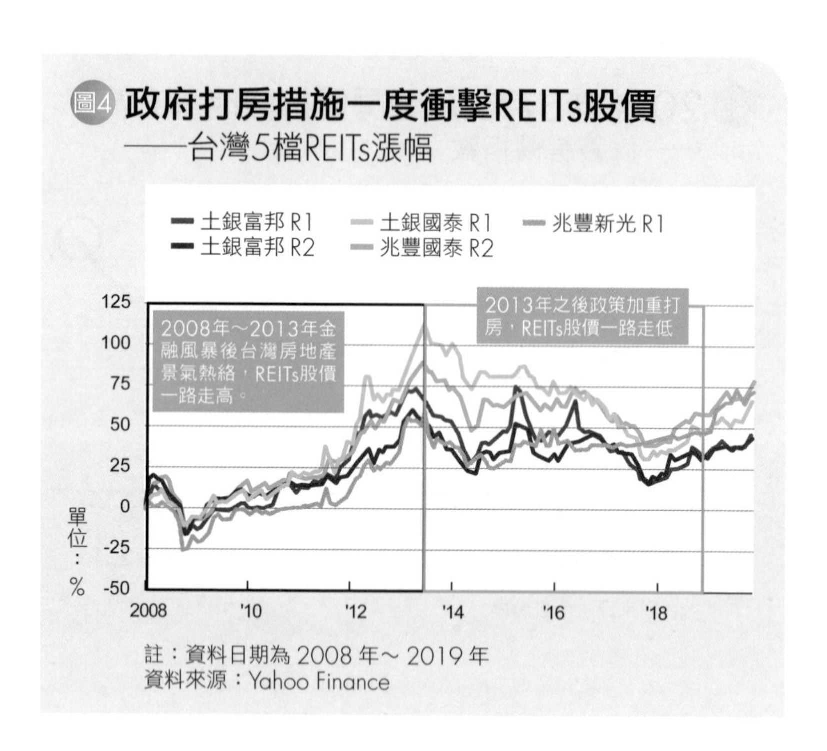

因素 3》金融市場表現

因為不動產提供自住及資產保值抗通膨的特性，「有土斯有財」更是國人深植不移的概念，讓許多金融市場投資人累積一筆財富之後，以不動產為首選的投資選項。所以，可以觀察當股市累積上漲一段時間之後，房地產買氣跟景氣就開始跟著熱

表2 金融市場活絡時，REITs也會連帶走高——REITs價格受影響原因

REITs價格走高原因	REITs價格走低原因
利率走低	利率走高
房地產景氣熱絡	房地產景氣降溫
政府政策鬆綁	政府推出打房措施
金融市場蓬勃、投資人將獲利轉而購入不動產	金融市場崩盤、百業蕭條

絡。簡單來說，投資人實現股市獲利，轉而投資不動產，因此金融市場表現與不動產市場也呈現高度相關（詳見表 2）。

但反向來說，若金融市場蕭條也會影響不動產景氣。過去當股市出現斷頭現象，常常會出現投資人賣房補股票保證金等情況，房地產也會出現賣壓。

4 股力量拉抬，台灣不動產熱度再起

那麼，接下來台灣 REITs 股價的走勢會怎麼發展？由於 REITs

與商用不動產表現有直接相關，而 2019 年及 2020 年以來，有 4 股力量，成為台灣商用不動產上漲的動能：

1. 中美貿易戰。
2. 後疫情時代，吸引台商及外商在台擴廠及擴充商辦。
3. 政府鼓勵台商資金回流。
4. 台灣低利率環境。

2018 年中美貿易戰開始，美國先是對中國加徵關稅，後來更進一步限制中國重要科技公司不得向美國採購關鍵零組件，促使中國必須發展自有半導體及科技產業。而台灣的相關供應鏈，2019 年以來也受惠於中國龐大訂單而使營收大幅成長，並產生擴廠需求。

另外，2020 年初的新冠肺炎疫情，由於台灣展現出優秀的防疫成果，吸引台商與外商，加碼在台灣擴廠及擴充商辦；再加上政府鼓勵台商資金回流，搭配台灣的低利率環境，這 4 股力量共同提升了台灣商辦需求。

台北市的商辦空置率，於 2019 年 Q4 創下 2.61% 的低點，

2020 年 Q3 再創 2.32% 新低（詳見圖 5）。台北市商辦的平均租金也持續創下新高，2020 年 Q3 為每坪 2,343 元，比前一年度同期成長 2.76%。

受惠商業不動產益發熱絡，台灣掛牌的 7 檔 REITs 股價也跟著水漲船高；2019 年 REITs 平均漲幅為 14.64%，2020 年 1 月～ 9 月則有 12.31%（詳見表 3）。假設趨勢持續，在後疫情時代＋中美貿易戰＋低利環境＋政府鼓勵台商資金回流

表3 2020年以來，台灣REITs報酬率逾12%
——台灣掛牌7檔REITs總報酬率

REITs名稱（股票代號）	成立時間	收盤價（元）	總報酬率（%）	
			2019年	2020年1月～9月
土銀富邦R1（01001T）	2005.03	18.36	12	17.05
土銀國泰R1（01002T）	2005.09	18.48	21	6.69
兆豐新光R1（01003T）	2005.12	21.10	20	20.68
土銀富邦R2（01004T）	2006.04	16.37	12	21.35
兆豐國泰R2（01007T）	2006.10	18.99	17	12.20
王道圓滿R1（01009T）	2018.06	9.79	14	2.98
京城樂富R1（01010T）	2018.11	10.38	2	5.21
平均值			14.6	12.31

註：1. 收盤價為 2020.09.30；2. 總報酬率為加計股利的報酬率
資料來源：公開資訊觀測站、台灣證交所

的力量加乘之下，REITs 投資人不但有收息收入，也能享有不動產增值的成果！

4-4
趁折價時買進 REITs 有機會賺到價差

REITs 股價不會 100% 與淨值相同，當 REITs 股價高於淨值時，就是所謂的「溢價」，代表投資人買進的股價高於淨值；反之，當 REITs 股價低於淨值時，就稱為「折價」，代表投資人買入的股價比不動產估價便宜。

將折溢價除以淨值，即為折溢價幅度

而將溢價或折價除以淨值，就稱為「溢價幅度」或「折價幅度」。計算方法很簡單，我們以土銀富邦 R1（01001T）於 2020 年 9 月 30 日的股價與淨值為例：

第 1 步：股價 18.36 元，淨值 18.8 元，將股價減去淨值，可得知土銀富邦 R1 折價 0.44 元（＝ 18.36 － 18.8）。

第 2 步：將差額 0.44 元除以淨值 18.8 元，再乘上 100%，即可算出土銀富邦 R1 的折價幅度為 2.34%（＝ 0.44÷18.8×100%）。

假設投資人在折價時買進，且未來股價回到淨值，投資人會多賺到折價回到淨值的部分。目前仍有許多 REITs 股價低於淨值。以 2020 年 9 月 18 日收盤價為例，土銀富邦 R1、土銀國泰 R1（01002T）、兆豐國泰 R2（01007T）、王道圓滿 R1（01009T），這 4 檔 REITs 的股價都低於淨值，也就是呈現折價的情況（詳見表 1）。

3 檔 REITs 折價過高，清算後竟讓投資人賺更多

由於受到 2008 年金融海嘯衝擊，台灣多檔 REITs 都出現股價大幅跌破淨值的高度折價情況。根據統計，2009 年底，三鼎（01005T）股價僅為淨值的 75%，股價折價幅度達 25%；基泰 SR（01006T）折價幅度達 22%，駿馬一號（01008T）折價幅度則為 28%（詳見表 2）。

表1 2020年9月底，4檔REITs股價低於淨值
——台灣7檔REITs折溢價

REITs名稱（股票代號）	股價（元）	淨值（元）	折溢價幅度（%）
土銀富邦R1（01001T）	18.36	18.80	-2.34
土銀國泰R1（01002T）	18.48	18.75	-1.44
兆豐新光R1（01003T）	21.10	17.63	19.68
土銀富邦R2（01004T）	16.37	15.23	7.49
兆豐國泰R2（01007T）	18.99	19.81	-4.14
王道圓滿R1（01009T）	9.79	10.51	-6.85
京城樂富R1（01010T）	10.38	10.24	1.37

註：資料日期至 2020.09.30；折溢價正值為溢價，負值為折價
資料來源：公開資訊觀測站

因為折價過高，這 3 檔的受益人決議通過直接清算，最後清算價值遠高於淨值，投資人反而賺更多，以其中的三鼎為例：

◎ 2010 年 7 月，三鼎由於市價與淨值落差過大，套利空間達 40%，由野村證券結合壽險公司及主要受益人，向受託機構提出清算申請。

表2 3檔已清算REITs，2009年折價超過30%

時間	三鼎（01005T）			基泰SR（01006T）	
	股價（元）	淨值（元）	折溢價幅度（%）	股價（元）	淨值（元）
2007年底	7.27	10.86	-33	7.80	10.54
2008年底	5.58	10.87	-49	5.15	10.95
2009年底	8.30	11.12	-25	8.19	10.50
2010年底	12.38	12.11	2	10.23	10.83

註：1. 資料日期為各年度最後一個交易日；2. 折價幅度四捨五入至整數，且折溢價幅度正值為溢價，負值為折價

◎ 2011 年 7 月 6 日召開受益人會議，順利通過清算下市計畫，並獲金管會許可。

◎ 2011 年 11 月 24 日標售全部資產，得標人為三商美邦人壽及新光人壽，得標金額為 90 億 5,680 萬元。

◎ 2012 年 3 月底下市，原始 REITs 成立價值為 38 億 5,000 萬元，最後清算價值為 90 億 5,680 萬元；雖然清算前折價幅度大，但是清算後投資人取回的金額卻比淨值多出 135%，

——已清算3檔REITs歷年折價幅度

	駿馬一號（01008T）		
折溢價幅度（%）	股價（元）	淨值（元）	折溢價幅度（%）
-26	8.20	10.47	-22
-53	7.70	11.37	-32
-22	8.18	11.31	-28
-6	9.21	11.98	-23

資料來源：公開資訊觀測站

投資人不但賺到股價由折價回到淨值部分，還賺到清算價值高於淨值部分，清算後投資人賺更多。

以下是 3 檔 REITs 清算價值與原始成立價值的差異：

◎三鼎（01005T）：不動產成立價值為 38 億 5,000 萬元，出售價格為 90 億 5,700 萬元，高於淨值之額外 135%。

◎基泰 SR（01006T）：原始不動產成立價值為 24 億

表3 已清算完成REITs，增值幅度達35%以上
——已清算3檔REITs處分概況

REITs名稱（股號）	上市日期	處分年度	初始規模（億元）	處分金額（億元）	增值幅度（不含股利）
三鼎（01005T）	2006.06.26	2012	38.5	90.57	135%
基泰SR（01006T）	2006.08.14	2012	24.7	33.30	35%
駿馬一號（01008T）	2006.05.15	2014	42.8	83.54	95%

註：增值幅度四捨五入至整數　　資料來源：信義全球資產管理

7,000 萬元，最後出售價格為 33 億 3,000 萬元，高於淨值之額外 35%。

◎駿馬一號（01008T）：原始不動產成立價值為 42 億 8,000 萬元，最後出售價格為 83 億 5,400 萬元，高於淨值之額外 95%。

從上述可知，這 3 檔 REITs 的清算價值高於原始發行價達

35% ～ 135%（詳見表 3），以 2012 年當時換算每單位股價為 13.5 元～ 23.5 元；而 2012 年～ 2020 年之間，商用不動產價格節節高升，未來投資人若遇到 REITs 清算，不但不用擔心，因為到時候反而是投資人成為「不動產清算大富翁」的絕佳機會。

圖解操作 查詢REITs折溢價

公開資訊觀測站每天會公布前1天REITs的淨值，查詢方法如下：

Step1 進入公開資訊觀測站（https://mops.twse.com.tw/mops/web/index），點選❶「資產證券化」、❷「不動產投資信託受益證券」後，點選想查詢REITs的證券代號，此處以❸土銀富邦R1（01001T）為例。

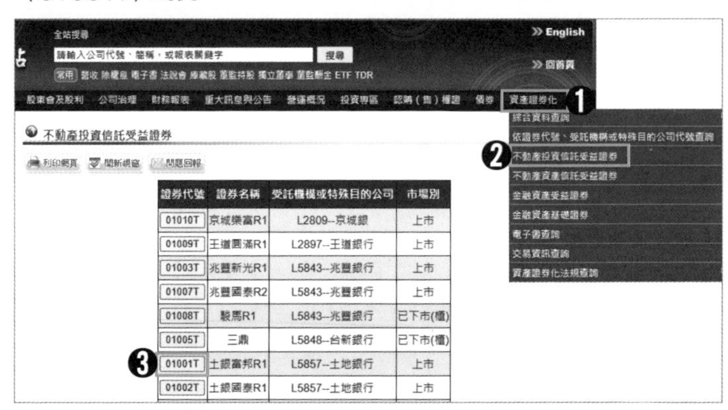

接續下頁

Step2 進入該檔REIT頁面後，點選❶「每日淨資產價值」，於❷「資料年月日」處輸入欲查詢日期區間。例如，欲查詢2020年9月20日到30日淨值，則輸入「1090920～1090930」（年份需輸入民國年）。

按下❸「查詢」，即可成功查詢淨值，以2020年9月30日來看，淨值為❹「18.8」元。

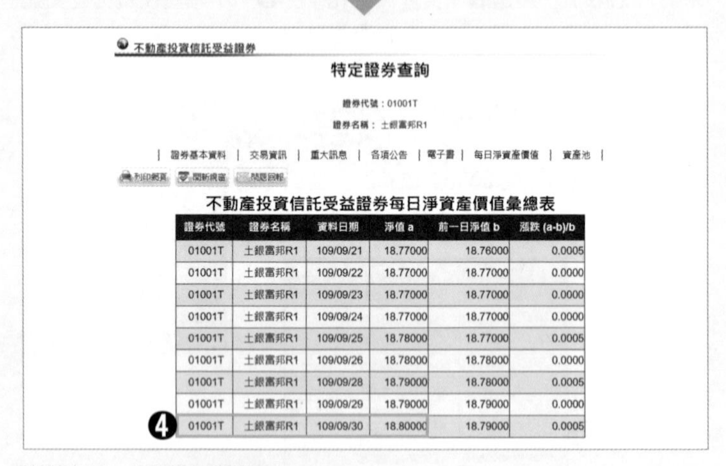

不動產投資信託受益證券

特定證券查詢

證券代號：01001T

證券名稱：土銀富邦R1

| 證券基本資料 | 交易資訊 | 重大訊息 | 各項公告 | 電子書 | 每日淨資產價值 | 資產池 |

列印網頁 開新視窗 問題回報

不動產投資信託受益證券每日淨資產價值彙總表

證券代號	證券名稱	資料日期	淨值 a	前一日淨值 b	漲跌 (a-b)/b
01001T	土銀富邦R1	109/09/21	18.77000	18.76000	0.0005
01001T	土銀富邦R1	109/09/22	18.77000	18.77000	0.0000
01001T	土銀富邦R1	109/09/23	18.77000	18.77000	0.0000
01001T	土銀富邦R1	109/09/24	18.77000	18.77000	0.0000
01001T	土銀富邦R1	109/09/25	18.78000	18.77000	0.0005
01001T	土銀富邦R1	109/09/26	18.78000	18.78000	0.0000
01001T	土銀富邦R1	109/09/28	18.79000	18.78000	0.0005
01001T	土銀富邦R1	109/09/29	18.79000	18.79000	0.0000
01001T	土銀富邦R1	109/09/30	18.80000	18.79000	0.0005

資料來源：公開資訊觀測站

4-5
投資台灣 7 檔掛牌 REITs 小錢也能當包租公

台灣 REITs 的發行規模介於新台幣 30 億～ 139 億元，不動產類型多以商辦大樓、商場、旅館、廠辦為主。

所有 REITs 的原始發行價格都是每股 10 元，而台灣在 2005 年～ 2006 年發行的 REITs，截至 2020 年 9 月 30 日股價都介於 16 元～ 21 元之間。

表 1 是台灣目前的 7 檔掛牌 REITs，可以看到發行時間集中在 2005 年～ 2006 年及 2018 年。

2005 年～ 2006 年 REITs 蓬勃發展，但其後遭遇 2008 年金融海嘯，以及 2010 年～ 2016 年政府實施抑制房價上漲

表1 2檔台灣REITs於2018年才成立

REITs名稱（股票代號）	簡稱	成立時間	
土銀富邦R1（01001T）	富邦一號	2005.03	
土銀國泰R1（01002T）	國泰一號	2005.09	
兆豐新光R1（01003T）	新光一號	2005.12	
土銀富邦R2（01004T）	富邦二號	2006.04	
兆豐國泰R2（01007T）	國泰二號	2006.10	
王道圓滿R1（01009T）	圓滿一號	2018.06	
京城樂富R1（01010T）	樂富一號	2018.11	

註：每檔成立時每股淨值皆為 10 元

及健全房市措施，因此直到 2018 年不動產市場慢慢復甦後，才又有新的 REITs 發行。

2018 年市場推出的兩檔 REITs 是王道圓滿 R1（01009T）及京城樂富 R1（01010T）。其中，京城樂富是台灣唯一一檔在成立時，就可以投資海外 REITs 的不動產投資信託基金。

接下來，就帶讀者一一來認識台灣目前掛牌的 7 檔 REITs：

——台灣7檔REITs基本資料

發行規模（億元）	2020.09.30 收盤價（元）	持有不動產類型
58	18.36	商辦、商場、國內REITs
139	18.48	商辦、商場、旅館
113	21.10	商辦、商場、商務住宅
73	16.37	商辦、廠辦、海內外REITs
72	18.99	商辦
30	9.79	商辦、商場
105	10.38	商辦、商場、旅館、物流中心、海外REITs

資料來源：公開資訊觀測站、台灣證券交易所

土銀富邦 R1（01001T）

1. 全名：富邦一號不動產投資信託基金。

2. 簡稱：富邦一號。

3. 成立：2005 年 3 月，發行規模 58 億元。

4. 持有標的：旗下不動產是富邦人壽原本旗下的資產，2005 年 3 月富邦人壽擔任發起人將不動產移轉給 REITs，原始信託規模為 58 億元，旗下不動產以商場為主，另有閒置資

金投資於其他 REITs。

①不動產：

❶富邦人壽大樓全棟：辦公室，2015 年落成，位於台北市敦化南路。

❷富邦中山大樓全棟：辦公室，2002 年落成，位於台北市中山北路二段。

❸中崙大樓部分樓層：商場，包含 2 樓及地下 2、3 樓部分，2004 年落成，位於台北市八德路及市民大道（詳見註 1）。

②金融資產：

❶新光一號 REIT 基金：1,322.9 萬單位受益證券。

❷國泰二號 REIT 基金：2,352 萬單位受益證券。

5. 目前租戶分析：根據 2020 年 Q2 績效管理報告，出租率為 100%，平均單坪月租金為 1,700 元，目前最大租戶為潤泰創新國際，其餘多為富邦相關企業；前 10 大租戶當中就

註 1：台北市八德路二段 306 號地下 2、3 樓及 308 號 2 樓、市民大道三段 209 號 2 樓（建物及地上權）。

有 5 大租戶為富邦相關企業，分別為：富邦人壽、富邦證券、富邦投信、富邦投顧、台北富邦商業銀行，其租期到期日介於 2021 年～ 2025 年。

6. 配息概況及信用評等：土銀富邦 R1 每年將可分配收益 100% 配發給投資人，過去每年都在 4 月～ 5 月進行除息，並於 6 月配發前一年度股息，歷年每股配息金額在 0.37 元～ 0.64 元之間（詳見表 2）。

觀察金融海嘯期間，2008 年每股配息 0.46 元，2009 年為 0.44 元，股利仍穩定配發沒有中斷；其穩健的管理獲得中華信用評等公司給予長期 twA+、短期 twA-1 信評。

2020 年每股配息 0.37 元，以 2020 年 9 月 30 日股價 18.36 元計算，殖利率為 2.01%。

7. 績效表現：成立 15 年平均報酬率 10%，2020 年至 9 月上漲 14%。

土銀富邦 R1 在 2005 年 3 月的原始發行價格為 10 元，

表2 土銀富邦R1歷年殖利率約2%～4%
——土銀富邦R1（01001T）歷年配息

年度	當年股利（元）	殖利率（%）
2020	0.37	2.01
2019	0.40	2.59
2018	0.41	2.91
2017	0.41	2.98
2016	0.45	2.81
2015	0.64	3.85
2014	0.58	3.81
2013	0.43	2.42
2012	0.51	3.05
2011	0.44	3.44
2010	0.45	3.89
2009	0.44	4.20
2008	0.46	4.20

註：年度為股息發放年度，股利及殖利率四捨五入至小數點後 2 位。殖利率計算方式為「當年每股配息 ÷ 當年度年均股價 ×100%」，唯 2020 年採 2020.09.30 股價計算

資料來源：Goodinfo! 台灣股市資訊網

截至 2020 年 9 月 30 日股價為 18.36 元，累積漲幅為 83%，含息總報酬率 150%，平均年報酬率約 10%。

 **2020年以來土銀富邦R1折價明顯縮小**
——土銀富邦R1（01001T）股價與淨值變化

日期	收盤價（元）	淨值（元）	折溢價幅度（%）
2019.12.31	16.08	18.46	-12.9
2020.09.30	18.36	18.80	-2.3
2020.01～09 股價漲跌幅	14.2%	折溢價變化	折價縮小10.6個百分點

註：1. 股價漲幅不包含股利報酬；2. 折溢價幅度、股價漲跌幅四捨五入至小數點後第 1 位，且折溢價幅度正值為溢價，負值為折價
資料來源：公開資訊觀測站、台灣證交所

2019 年底，土銀富邦 R1 的每股淨值為 18.46 元，股價 16.08 元，折價 12.9%，股價顯著低於淨值，提供投資人便宜買進的機會。2020 年 9 月 30 日淨值略微上升至 18.8 元，但股價大幅成長 14.2% 來到 18.36 元，折價幅度只剩 2.3%，折價幅度比 2019 年底大減 10.6 個百分點（詳見表 3）。可見 2020 年以來上漲的 14.2% 股價，其中有 10.6% 就是折價縮小所貢獻的。

因此讀者可以留意，若股價折價太多，表示股價不合理、低

於淨值太多，未來股價有機會補漲貼近淨值。

土銀國泰 R1（01002T）

1. **全名**：國泰一號不動產投資信託基金受益證券。

2. **簡稱**：國泰一號。

3. **成立**：2005 年 9 月，發行規模 139 億元，截至 2020 年 9 月底仍是台灣規模最大的 REITs。

4. **持有標的**：旗下不動產是國泰人壽原本旗下的資產，2005 年 9 月國泰人壽擔任發起人將資產移轉給 REITs，目前旗下不動產類型有旅館及商場：

①台北喜來登飯店全棟：飯店，1981 年落成，位於台北市忠孝東路一段。

②台北西門大樓全棟：商場，現為誠品生活武昌店。1978 年落成，位於台北市武昌街二段。

③台北中華大樓全棟：都更重建中，預計 2023 年落成。

其中，台北中華大樓在都更之前，原為樓高 11 層的商用建築，原址 1 樓為美華泰商場，樓上為國泰集團辦公室使用。

預計 2023 年重建為樓高 28 層、地下 5 層的建築，可望成為台北市中華路新地標。按照規畫，低樓層將作為商場使用，中高樓層為觀光旅館。

根據新聞報導，在觀光旅館部分，已與日本西鐵集團簽署 20 年租賃協議，於大樓落成後開設西鐵集團台灣第 1 間飯店「Solaria 西鐵飯店——台北西門」，將擁有 300 間客房。整棟建築以商場＋旅館複合式經營，預計落成後租金收入將會提升，進而提升 REITs 配息率。

5. 目前租戶分析：根據 2020 年 Q2 績效管理報告，目前出租率為 100%，租金 85% 是來自於飯店，15% 來自誠品生活武昌店，租期到期日介於 2029 年～ 2031 年。

再進一步觀察，土銀國泰 R1 的承租戶為百貨業跟旅館業，其租金組成是「底租」搭配「營業額抽成」計算，舉例如下：

①喜來登飯店：各月份先收抽成租金，另於每租賃年度結束後結算，再依底租或按營業額計算抽成租金，二者取較高者。

②台北西門大樓：除每月收取底租外，次年 2 月另依全年

營業額核算加計抽成租金。

要留意的是，由於 2020 年新冠肺炎疫情肆虐，旅館業、以外國觀光客為主的西門町商圈都受到衝擊，預估也會影響土銀國泰 R1 的收入，2021 年配發股利時恐會出現衰退。

6. 配息概況及信用評等：土銀國泰 R1 每年將可分配收益 100% 配發給投資人，過去多在每年 5 月進行除息，並於 6 月配發前一年度股息，歷年每股配息約在 0.4 元～ 0.52 元之間（詳見表 4）。金融海嘯期間，2008 年每股配息 0.44 元，2009 年為 0.48 元，配息穩定沒有中斷。中華信用評等公司給予長期 twA+、短期 twA-2 信評。

2020 年每股配息 0.4 元，以 2020 年 9 月 30 日股價 18.48 元計算，殖利率為 2.17%。

7. 績效表現：成立 15 年平均報酬率 9.8%，2020 年以來淨值跌但股價漲（詳見表 5）。

土銀國泰 R1 在 2005 年 9 月的原始發行價格為 10 元，

土銀國泰R1歷年每股配息皆有0.4元以上
——土銀國泰R1(01002T)歷年配息

年度	當年股利(元)	殖利率(%)
2020	0.40	2.17
2019	0.42	2.66
2018	0.44	3.10
2017	0.45	3.13
2016	0.47	2.77
2015	0.52	2.93
2014	0.51	2.79
2013	0.48	2.46
2012	0.47	2.82
2011	0.45	3.53
2010	0.44	4.00
2009	0.48	4.64
2008	0.44	4.33

註:年度為股息發放年度,股利及殖利率四捨五入至小數點後2位。殖利率計算方式為「當年每股配息 ÷ 當年度年均股價 ×100%」,唯2020年採2020.09.30股價計算
資料來源:Goodinfo! 台灣股市資訊網

截至2020年9月30日股價為18.48元,累積漲幅為84%,含息總報酬率148%,平均年報酬率約9.8%。

土銀國泰R1 2020年淨值跌但股價上漲
——土銀國泰R1（01002T）股價與淨值變化

日期	收盤價（元）	淨值（元）	折溢價幅度（%）
2019.12.31	17.70	18.96	-6.6
2020.09.30	18.48	18.75	-1.4
2020.01～09股價漲跌幅	4.4%	折溢價變化	折價縮小5.2個百分點

註：1. 股價漲幅不包含股利報酬；2. 折溢價幅度、股價漲跌幅四捨五入至小數點後第 1 位，且折溢價幅度正值為溢價，負值為折價

資料來源：公開資訊觀測站、台灣證交所

2019 年底，土銀國泰 R1 淨值 18.96 元，股價 17.7 元，折價 6.6%，也提供了投資人買進機會。可以注意到 2020 年 9 月 30 日，淨值略微下降至 18.75 元，股價卻成長到 18.48 元，不含息漲幅 4.4%，折價幅度也縮減至 1.4%，可見這段期間的股價上漲，都是折價縮小所貢獻的。

兆豐新光 R1（01003T）

1. **全名**：新光一號不動產投資信託基金。

2. **簡稱**：新光一號。

3. **成立時間**：2005 年 12 月，發行規模 113 億元。

4. **持有標的**：旗下不動產是新光人壽原本旗下的資產，2005 年 12 月新光人壽擔任發起人將資產移轉給新光一號。主要資產如下：

①台南新光三越百貨大樓全棟：百貨商場，1995 年落成，位於台南市中西區中山路。

②新光天母傑仕堡大樓全棟：商務住宅，1995 年落成，位於台北市士林區忠誠路二段。

③新光信義華廈部分樓層：商場，1978 年落成，位於台北市大安區信義路二段。

④新光國際商業大樓部分樓層：辦公室，1986 年落成，位於台北市松山區南京東路三段。

⑤新光中山大樓部分樓層：辦公室，1991 年落成，位於台北市中山區中山北路二段。

⑥台証金融大樓部分樓層：辦公室，1996 年落成，位於台北市中山區建國北路一段。

5. **目前租戶分析**：租金中約有 8 成來自新光相關企業，根據 2020 年 Q3 績效管理報告，商務住宅出租率為 94%、商場出租率 100%、辦公室出租率 99%，平均單坪月租金為 1,700 元，最大租戶中的新光三越及傑仕堡商旅，都是新光相關企業。租期到期日依不動產類型有所不同，商務住宅與辦公室平均約為 2 年內到期，商場租期則為 5 年以上。

6. 配息概況及信用評等：兆豐新光 R1 每年將可分配收益 100% 配發給投資人，成立以來每年都在 4 月進行除息，並於 5 月配發前一年度股利，歷年每股配息為 0.35 元～ 0.39 元之間（詳見表 6）。金融海嘯期間，2008 年及 2009 年每股配息都有 0.39 元，股利發放穩定未中斷。中華信用評等公司給予長期 twAA、短期 twA-1 信評。

2020 年每股配息 0.38 元，以 2020 年 9 月 30 日股價 21.1 元計算，殖利率為 1.8%。

7. 績效表現：成立 15 年平均報酬率 11%，2020 年出現高溢價。

兆豐新光 R1 在 2005 年 12 月的原始發行價格為 10

表6 兆豐新光R1每股配息皆在0.35～0.39元
——兆豐新光R1（01003T）歷年配息

年度	當年股利（元）	殖利率（%）
2020	0.38	1.80
2019	0.38	2.26
2018	0.37	2.51
2017	0.35	2.43
2016	0.37	2.66
2015	0.37	2.65
2014	0.37	2.81
2013	0.35	2.41
2012	0.39	3.06
2011	0.38	3.67
2010	0.37	3.78
2009	0.39	4.28
2008	0.39	4.20

註：年度為股息發放年度，股利及殖利率四捨五入至小數點後 2 位。殖利率計算方式為「當年每股配息 ÷ 當年度年均股價 ×100%」，唯 2020 年採 2020.09.30 股價計算
資料來源：Goodinfo! 台灣股市資訊網

元，截至 2020 年 9 月 30 日股價為 21.1 元，累積漲幅為 110%，含息總報酬率 162%，平均年報酬率約 11%，也是

台灣目前溢價最高的 REITs。

2019 年底兆豐新光 R1 每股淨值 17.72 元，股價為 17.8 元，僅略有溢價。到了 2020 年 9 月底，淨值微跌至 17.63 元，股價卻上漲 18.5% 來到 21.1 元，溢價幅度近 19.7%，同期間上漲幅度也居所有 REITs 之冠。

股價大漲的原因，除了來自疫情與低利率環境帶來的避險需求，另一方面則是被清算的潛在利益。

2020 年 6 月時，此檔 REITs 的受益人曾進行清算決議，雖然當時並沒有通過，但是由於市場預期未來幾年清算的可能性將會提高；在此預期心理下，股價一路走高，形成兆豐新光 R1 高溢價的局面。

為什麼清算會導致 REITs 股價上漲？ 4-4 有介紹過，過去台灣所清算的 3 檔 REITs，清算價值都高於發行價甚多，幅度高達 35% ～ 135%，換算為每單位股價約在 13.5 元～ 23.5 元之間。讀者可以留意兆豐新光 R1 未來是否再有清算決議，若清算價值大幅高於淨值，股價仍有往上走升的機會。

土銀富邦 R2（01004T）

1. **全名**：富邦二號不動產投資信託基金。

2. **簡稱**：富邦二號。

3. **成立**：2006 年 4 月，發行規模 73 億元。

4. **持有標的**：旗下不動產是富邦人壽原本的資產，2006 年 4 月富邦人壽擔任發起人將不動產移轉給 REITs。金管會並於 2019 年 4 月 18 日核准變更富邦二號信託計畫可以投資海外 REITs。根據 2020 年 Q2 財報，此檔 REITs 的投資組合如下：

①不動產：

❶富邦民生大樓全棟：辦公室，1996 年落成，位於台北市民生東路三段。

❷富邦內湖大樓全棟：辦公室，2000 年落成，位於台北市內湖區瑞湖街。

❸潤泰中崙大樓部分樓層：辦公室，2005 年落成，位於台北市八德路二段。

②金融資產：

❶國泰二號 REIT 基金：20 萬單位受益證券。

❷新光一號 REIT 基金：129 萬單位受益證券。

③海外 REITs 資產（新加坡）：

❶ ASCENDAS TRUST 基金：1,636,100 單位受益證券。

❷ CAPITAMALL TRUST 基金：1,900,500 單位受益證券。

❸ CAPITACOM TRUST 基金：2,422,900 單位受益證券。

❹ SUNTEC TRUST 基金：2,615,900 單位受益證券。

❺ MAPLETREE TRUST：2,810,900 單位受益證券。

5. 目前租戶分析：根據 2020 年 Q2 績效管理報告，出租率為 98%，平均單坪月租金為 1,886 元，最大面積租戶為台北富邦銀行，其餘包含復華投信、潤泰全球、潤泰創新、潤弘精密工程事業、富邦人壽……等公司，其租期到期日介於 2020 年～ 2025 年。

6. 配息概況及信用評等：土銀富邦 R2 每年將可分配收益 100% 配發給投資人，每半年配息 1 次。過去每年在 3 月及 9 月除息，並於 5 月及 11 月發放，歷年每股配息在 0.36 元～ 0.43 元之間（詳見表 7）。

表7 土銀富邦R2歷年每股配息約在0.4元上下
——土銀富邦R2（01004T）歷年配息

年度	當年股利（元）	殖利率（%）
2020	0.39	2.38
2019	0.36	2.71
2018	0.38	3.05
2017	0.38	3.08
2016	0.40	2.95
2015	0.40	2.98
2014	0.39	3.09
2013	0.37	2.63
2012	0.37	2.89
2011	0.37	3.32
2010	0.43	4.04
2009	0.40	3.96
2008	0.41	4.12

註：年度為股息發放年度，股利及殖利率四捨五入至小數點後 2 位。殖利率計算方式為「當年每股配息 ÷ 當年度年均股價 ×100%」，唯 2020 年採 2020.09.30 股價計算
資料來源：Goodinfo! 台灣股市資訊網

金融海嘯期間，2008 年每股配息 0.41 元，2009 年為 0.40 元，配息仍然穩定沒有中斷。中華信用評等公司給予長

期 twA+、短期 twA-1 信評。

2020 年配發股利金額合計為 0.39 元，以 2020 年 9 月 30 日股價 16.37 元計算，殖利率為 2.38%。

7. 績效表現：成立 14 年來，平均年報酬率 8.4%，2020 年至 9 月上漲 18.5%。

土銀富邦 R2 在 2006 年 4 月的原始發行價格為 10 元，截至 2020 年 9 月 30 日股價為 16.37 元，14 年來股價累積漲幅為 63%，含息總報酬率 118%，年平均報酬率達 8.4%。

2019 年底土銀富邦 R2 淨值 15.28 元，股價為 13.81 元，折價 9.6%，股價大約僅有淨值的 9 成。再觀察 2020 年 9 月 30 日，淨值略微下跌到 15.23 元，股價卻上漲到 16.37 元，溢價 7.4%。

2020 年以來，土銀富邦 R2 光是股價本身就上漲了 18%，折價變成溢價，差距高達 17 個百分點（詳見表 8）。可以觀察到 2020 年 2 月～ 3 月疫情爆發時，市場資金在短時間內

表8 2020年土銀富邦R2自折價變溢價
——土銀富邦R2（01004T）股價與淨值變化

日期	收盤價（元）	淨值（元）	折溢價幅度（%）
2019.12.31	13.81	15.28	-9.6
2020.09.30	16.37	15.23	7.4
2020.01～09 股價漲跌幅	18.5%	折溢價變化	折價變溢價，差距17個百分點

註：1. 股價漲幅不包含股利報酬；2. 折溢價幅度、股價漲跌幅四捨五入至小數點後第 1 位，且折溢價幅度正值為溢價，負值為折價
資料來源：公開資訊觀測站、台灣證交所

湧入而推升股價；其後即使淨值略微下跌，股價仍然續漲，大概就是受惠於低利率環境以及台灣商用不動產景氣轉趨熱絡。

不過，即使股價沒有出現溢價，2019 年底時土銀富邦 R2 的股價與淨值差距也有將近 10%；未來讀者也可多觀察折溢價狀況，趁折價時進場，坐等股價貼回淨值的上漲利益。

兆豐國泰 R2（01007T）

1. **全名**：國泰二號不動產投資信託基金。

2. 簡稱：國泰二號。

3. 成立：2006 年 10 月，發行規模 72 億元。

4. 持有標的：旗下不動產皆以商辦為主，原為國泰人壽的資產，2006 年 10 月國泰人壽擔任發起人，將不動產移轉給 REITs，標的如下：

①民生商業大樓全棟：辦公室，1986 年落成，位於台北市中山區民生東路三段。

②世界大樓（除 1 樓及 B1 外的樓層）：辦公室，1980 年落成，台北市松山區南京東路 4 段。

③安和商業大樓全棟：辦公室，1986 年落成，位於台北市大安區敦化南路 2 段。

5. 目前租戶分析：根據 2020 年 Q2 績效管理報告，出租率為 96.5%，單坪月租金為 1,700 ～ 2,100 元，其租期到期日介於 2020 年～ 2025 年。

6. 配息概況及信用評等：每年將可分配收益 100% 配發給投資人，每半年配息 1 次，多在 5 月及 11 月除息，並於除息隔月發放，配息約為 0.38 ～ 0.45 元（詳見表 9）。

表9 兆豐國泰R2配息在0.38~0.44元之間
——兆豐國泰R2（01007T）歷年配息

年度	當年股利（元）	殖利率（%）
2020	0.43	2.23
2019	0.43	2.62
2018	0.43	2.96
2017	0.44	3.13
2016	0.43	2.72
2015	0.45	2.84
2014	0.43	2.82
2013	0.43	2.51
2012	0.43	2.91
2011	0.43	3.67
2010	0.38	3.49
2009	0.42	4.23
2008	0.42	4.22

註：年度為股息發放年度，股利及殖利率四捨五入至小數點後 2 位。殖利率計算方式為「當年每股配息 ÷ 當年度年均股價 ×100%」，唯 2020 年採 2020.09.30 股價計算
資料來源：Goodinfo! 台灣股市資訊網

2008 年、2009 年金融海嘯期間，每股配息都約 0.42 元，穩定發放沒有中斷。長期信用評等為 A（twn）。

2020 年股利金額為 0.425 元，以 2020 年 9 月 30 日股價 18.99 元計算，殖利率為 2.23%。

7. 績效表現：成立 14 年平均報酬率 10.6%，2020 年至 9 月股價上漲 11%（詳見表 10）。

兆豐國泰 R22006 年 10 月原始發行價格為 10 元，截至 2020 年 9 月 30 日股價為 18.99 元，14 年來股價累積漲幅為 89%，含息總報酬率 149%，年平均報酬率達 10.6%。

2019 年底股價為 17.1 元，淨值 19.6 元，折價 12.7%，股價顯著低於淨值，提供投資人便宜買進的機會。到了 2020 年 9 月底，淨值略微上漲至 19.81 元，股價上漲到 18.99元，仍然呈現折價，但折價幅度僅剩 4.1%。可以說這段期間股價上漲了 11%，主要都是股價上漲貼回淨值所貢獻的。

王道圓滿 R1（01009T）

1. 全名：圓滿一號不動產投資信託基金。

2. 簡稱：圓滿一號。

表10 兆豐國泰R22020年以來股價上漲11%
——兆豐國泰R2（01007T）股價與淨值變化

日期	收盤價（元）	淨值（元）	折溢價幅度（%）
2019.12.31	17.10	19.60	-12.7
2020.09.30	18.99	19.81	-4.1
2020.01～09 股價漲跌幅	11.0%	折溢價變化	折價減少8.6個百分點

註：1. 股價漲幅不包含股利報酬；2. 折溢價幅度、股價漲跌幅四捨五入至小數點後第1位，且折溢價幅度正值為溢價，負值為折價
資料來源：公開資訊觀測站、台灣證交所

3. 成立：2018 年 6 月，發行規模 30 億元，為台灣規模最小的 REITs（截至 2020 年）。

4. 持有標的：此檔 REITs 募集成立後，向發起人高青開發股份有限公司、鼎晟不動產開發股份有限公司及新東北電力高壓設備有限公司購買下列不動產，分別為：

①板信銀行家大樓全棟：辦公室，1986 年落成，位於新北市板橋區中正路。

②台南 Focus 大樓全棟：商場，1980 年落成，位於台南市中西區中山路。

5. 目前租戶分析：根據 2020 年 Q2 績效管理報告，出租率為 100%，單坪月租金為 880 元～ 1,700 元，最大租戶為高青開發股份有限公司，其餘租戶為板信銀行、鼎麗資產，其租期到期日介於 2022 年～ 2028 年。

6. 配息概況及信用評等：2018 年 6 月的原始發行價格為 10 元，2020 年 9 月 30 日股價 9.79 元，略低於發行價。由於僅成立 2 年，加上 2 個年度的配息，總報酬率約為 4%。

每年將可分配收益 100% 配發給投資人，每半年配息 1 次，近 2 年都在 3 月及 9 月除息，並於 5 月及 11 月發放，年配息約 0.3 元，以股價 9.79 元換算殖利率約 3.06%。中華信用評等公司給予長期 twBBB+1、短期 twA-2 評等。

京城樂富 R1（01010T）

1. 全名：樂富一號不動產投資信託基金。

2. **簡稱**：樂富一號。

3. **成立**：2018 年 11 月，發行規模 105 億元，可投資海外 REITs。

4. **持有標的**：樂富一號是台灣唯一一檔在發行時，即可投資海外的不動產投資信託基金，其中有 20 億～ 25 億元額度可以投資國外各大 REITs，投資人可間接成為新加坡、日本、香港及美國等地商用不動產的房東，所持有不動產如下：

①台茂購物中心 50% 股權：商場，1999 年落成，位於桃園市蘆竹區南崁路一段。

②大都市國際中心部分樓層：5 戶辦公室，1996 年落成，位於台北市中正區羅斯福路二段。

③ NASA 科技總署大樓部分樓層：辦公室，2000 年落成，位於台北市內湖區內湖路一段。

④觀音物流中心整棟：物流中心，2019 年落成，位於桃園市觀音區金廣路。

⑤永樂酒店整棟：酒店，2000 年落成，位於彰化縣鹿港鎮三民路。

⑥海外上市 REITs：標的分布於新加坡、中國、香港、澳洲、德國、美國、英國、日本……等地，資產類型包括辦公室、物

流中心及工業園區、商場及飯店等。

5. 目前租戶分析：根據 2020 年 Q2 績效管理報告，目前出租率為 100%。租期依不動產的性質有所不同——台茂購物中心與鹿港永樂酒店租期 20 年，觀音物流中心租期 10 年，商辦部分租期為半年到 5 年之間。

6. 配息概況及信用評等：京城樂富 R1 於 2018 年 11 月的原始發行價格為 10 元，截至 2020 年 9 月 30 日股價為 10.38 元，計入近 2 年配息的總報酬率約為 10%。

每年將可分配收益 100% 配發給投資人，每半年配發股息 1 次，成立至今 2 年來，主要在每年 3 月及 8 月除息，並於 4 月及 10 月發放。以 2020 年發放股息約 0.4 元及 10.38 元股價換算，殖利率約為 3.9%。中華信用評等公司給予長期信用評等 tw A+，短期信用評等 tw A-1 信評。

坊間對台灣 REITs 很少有詳盡介紹，希望透過本書，讀者可以挑選符合投資需求的 REITs，參與投資台灣商用不動產，掌握這一波資金回台熱潮，把握成為不動產包租公的絕佳機會。

延伸學習 認識中華信用評等

在投資債券時，若要分辨債務人的信用好壞，可參考全球3大國際級信用評等公司——標準普爾（S&P Global Ratings）、穆迪（Moody's）、惠譽（Fitch Ratings）給予的長期及短期評等。以標準普爾為例，長期評等由高而低為AAA、AA、A、BBB、BB、B、CCC、CC、C、DDD、DD、D；AA到CCC這幾級，又個別會以「+」「-」進行更細部的分級。短期評等則有6級：A-1、A-2、A-3、B、C、D。

而投資台灣企業或是台灣企業發行的REITs時，則可參考中華信用評等公司（以下簡稱中華信評）的評等。中華信評使用標準普爾的信用評等為符號，前端加上「tw」，以相對於其他台灣債務人履行財務義務能力的角度給予信用評等。分級定義摘要如下表：

中華信評長期信用評等

信用評等	意義
twAAA	相較於其他本國債務人，履行財務承諾能力極強，為最高等級
twAA	履行財務承諾能力相當強
twA	履行財務承諾能力強，但相較於twAAA、twAA，較易受環境變動影響
twBBB	若受不利的經濟條件影響，可能影響履行財務承諾的能力
twBB	長期不確定性較高，遇不利的經濟條件，履行財務承諾能力稍嫌脆弱
twB	目前有履行財務承諾能力，但不利的經濟條件將損害其履行能力或意願

接續下頁

信用評等	意義
twCCC	無法履行財務承諾之可能性高
twCC	有高度違約之可能性
twR	因財務狀況正受主管機關監管中，監管期間，主管機關有權決定償債種類順位或僅選擇償還部分債務
twSD	債務人選擇性的針對某些特定的債務違約，但仍如期履行其他債務
twD	僅適用於債務信用評等，當公司已登記破產或無法清償債務時，無論債務人是否有接受評等，其債務人評等會被撤掉

註：1. 長期指 1 年以上；2.「twAA」到「twB」之間各級評等，可增加一個「+」或「-」符號定義同等級間債信之強弱程度
資料來源：中華信用評等公司

中華信評短期信用評等

信用評等	意義
twA-1	相較於其他本國債務人，履行財務承諾能力極強，為短期債務所評定之最高等級
twA-2	履行財務承諾能力令人滿意，但較易受不利的經濟條件影響，略遜於twA-1
twA-3	相較於其他本國短期債務人，履行財務承諾能力有保障；但相較於twA-1、twA-2，更易受不利的經濟條件影響
twB	相較於其他本國短期債務人，其如期履行財務承諾之能力，將顯著受到不利的經濟條件影響
twC	償債能力令人質疑
twD	債務人無法履行債務

註：短期指 1 年以內　　資料來源：中華信用評等公司

第5篇

買特別股
享優先配息權

5-1
投資特別股
優先配息又能抗跌

一般投資人買賣股票時只知道「普通股」，坊間的存股方法，也試圖透過各種指標與技巧，想把本質上隨著盈餘波動的普通股股利，轉化成穩定的投資收入。不過，往往當市場發生衰退時，投資人才驚覺事與願違，因為再穩定的公司，股利終究也會跟著整體環境受到影響。

事實上，在市場上公開交易的公司，除了發行「普通股」，有的還會發行「特別股」；然而很多投資人對特別股完全不認識，或只是一知半解。

特別股也是公司籌資方式的一種，在台灣證交所掛牌，也都有股票代碼，因此除了可以在剛發行時認購，也可以直接在股市當中交易，買賣程序都與掛牌的普通股相同。投資人持有特別股可以享有定期的配息，也能夠在股市裡轉售獲利。

2000 年之前，台灣發行的特別股多集中在產業型公司、年限多為 10 年，所以迄今大多已經到期。而在 2000 年之前發行、截至 2020 年底仍在證交所掛牌的特別股只有 2 檔——中鋼特（2002A）及國喬特（1312A）；它們都是當時發行的永續特別股，所謂「永續」，就是沒有到期年限。

2016 年以來，台灣金融機構為充實資本、營運資金或是潛在金融購併，也發行特別股來進行籌資，開啟特別股發行熱潮；總計 2016 年到 2020 年 9 月，共有 21 檔特別股發行，發行總額為新台幣 3,100 億元。這些特別股的發行條件優渥，一發行就深受退休基金、壽險資金及大股東青睞；觀察國泰金（2882）的 2019 年報，兩檔特別股的股東當中，法人都分別占了 9 成以上。

特別股與普通股的 5 大差別

特別股到底有多特別？跟投資一般的普通股相比，主要差別如下：

1. 股息發放優先於普通股

特別股最特別的地方之一是「享有股利分配優先權」。假設某家企業同時發行特別股與普通股，發生盈餘衰退時，必須優先配發特別股股利（維持原先約定股利），普通股卻得承擔盈餘百分百波動的風險。也就是說，公司配發股利要優先配發給特別股股東，剩盈餘再配發給普通股股東。

2. 若遇破產清算，優先享有剩餘財產分配權

特別股對剩餘財產的分配權順序「優於」普通股，次於一般債權人（詳見表 1），但分配總金額以不超過當時已發行之特別股股數乘以該特別股每股發行價格總額為限；且若個別特別股有另行約定，以另行約定內容為主。

3. 高約定股利率

有別於普通股每年股利受經營獲利上下波動，特別股因為有約定的股利率（編按：年度股利占每股發行價的比率），只要符合股利發放條件，就會按約定的股利率（多為 3.2% ～ 5%）發放。

 **特別股的剩餘財產分配權先於普通股**

——清償順位與股利配發順序比較

	破產清算優先順序	股利配發順序
稅負薪資	1	N/A
負債		
特別股	2	1
普通股	分配剩餘價值	2

高約定股利率加上股利優先於普通股的特性，讓特別股成為各大金融機構、退休基金用來長期收息的部位。近年更曾經出現，同一家金融機構發行的特別股有股利、普通股卻無股利可領的案例——王道銀（2897）在 2019 年要發放前 1 年度股利時，宣布普通股的股利 0 元，然而王道銀甲特（2897A）股利率仍然維持 4.25%（按流通日計息），因此當年特別股投資人仍獲得每股 4.25%（年率）的特別股股利。

4. 特別股發行公司股利配發紀錄良好

能發行特別股的公司，都是股利配發紀錄良好的公司，觀察表 2 特別股發行公司：國泰金、富邦金（2881）、新光金（2888）、中信金（2891）、台新金（2887）、聯邦銀（2838）、文曄（3036）、王道銀、台泥（1101）、裕融（9941）、大聯大（3702）、聯合（4129）、恒耀（8349）、光隆（8916）、中租-KY（5871），在過去2010年～2020年都是100%配發股利（詳見表2）。

5. 特別股籌碼穩定，股價相對抗跌

特別股約有5成股東來自金融機構，其餘3成來自退休基金及大股東特定法人；至於普通股的股東，大部分來自散戶及外資。問題是，散戶及外資是跟著金融情勢進出；因此，雖然是同樣的發行機構，特別股跟普通股的股價走勢就不相同。

以國泰金為例，根據2019年財報，普通股的主要股東為外資持股占20.4%，個人持股占26.86%，合計47.26%（詳見表3）；反觀甲種特別股的國泰特（2882A），主要股東為金融機構法人，持股占71.58%，其他法人（主要為個人大股東投資公司）持股占15.83%，政府機構持股占7.28%，合計94.69%（詳見表4）。

由於普通股的籌碼多在散戶與外資手中，可預期波動度相對

 16家特別股發行公司連續11年皆有配息——16家公司歷史配息紀錄

股票名稱（股票代號）	2005～2020年股利分配機率（%）	2010～2020年股利分配機率（%）
台　泥（1101）	100	100
中　鋼（2002）	100	100
聯邦銀（2838）	57（有7年沒配息）	100
富邦金（2881）	94（僅1年沒配息）	100
國泰金（2882）	94（僅1年沒配息）	100
台新金（2887）	75（有4年沒配息）	100
新光金（2888）	68（有5年沒配息）	100
中信金（2891）	94（僅1年沒配息）	100
王道銀（2897）	87（僅2年沒配息）	100
文　曄（3036）	100	100
大聯大（3702）	100	100
聯　合（4129）	87（僅2年沒配息）	100
中租-KY（5871）	100	100
恒　耀（8349）	100	100
光　隆（8916）	94（僅1年沒配息）	100
裕　融（9941）	100	100

註：1. 本表年度為股利發放年度，大聯大 2006 年首度配發股利（上市時間 2006 年）；2. 中租 -KY 於 2011 年首度配發股利（興櫃及上市時間為 2011 年）

資料來源：公開資訊觀測站、Goodinfo! 台灣股市資訊網

表3 國泰金普通股的個人及外資持股共占47.26%

股東結構	政府機構	金融機構	其他法人	
人數（人）	23	191	1,632	
持有股數（股）	751,342,424	642,554,651	5,547,801,443	
持股比重（%）	5.71	4.88	42.1	

註：外資包含外國機構及外國自然人　　資料來源：國泰金 2019 年報

表4 國泰金甲種特別股，金融機構持股占比最高

股東結構	政府機構	金融機構	其他法人	
人數（人）	4	45	144	
持有股數（股）	60,698,000	596,484,911	131,894,468	
持股比重（%）	**7.28**	**71.58**	**15.83**	

註：外資包含外國機構及外國自然人　　資料來源：國泰金 2019 年報

較高。相對地，特別股多被台灣的金融機構、法人及政府機構持有，籌碼相對穩定，股價也不易波動。

為什麼特別股掌握在法人手中，股價會相對抗跌？就以退休基金或壽險公司而言，其投資組合通常依持有目的分為 2 類：

——國泰金（2882）普通股股東結構

	個人	外資	合計
	484,452	1,605	487,903
	3,538,329,803	2,689,181,807	13,169,210,128
	26.86	**20.4**	100

——國泰特（2882A）股東結構

	個人	外資	合計
	26,170	35	26,398
	43,852,442	370,179	833,300,000
	5.26	0.05	100

①**長期收息部位**：金融特別股屬於創造經常性收益，非短線交易，以長期收息為主。

②**中短線交易部位**：普通股對專業法人來說，主要是來回操作、低買高賣，以價差收益為主。

普通股可能因為股價過於高估而被賣出，股價低估而被買進，但專業法人不會因特別股價格上漲而賣掉手中持股。因金融機構持有特定特別股的部位都很大，若拿 1% 的特別股出來賣，造成市場價格下跌，進而導致手上 99% 未賣出的特別股價格帳面損失的話，反而得不償失。

特別股由於籌碼多為長期收息的金融機構，或是大股東長期收息持有，籌碼較普通股集中，再加上股利優先配發，使得特別股的股價較普通股抗跌。

2020 年股災時，特別股明顯抗跌

直接來看股災發生時，同一家公司發行的普通股與特別股的股價表現就知道了。2020 年初全球爆發新冠肺炎（COVID-19）疫情，台股暴跌，2020 年初截至 3 月 25 日收盤，台灣加權股價指數下跌約 20%，而裕融、中信金、富邦金的普通股也都下跌達 20%，國泰金、台新金則下跌超過 15%。

但是這幾家公司所發行的特別股，同期間跌幅卻都不超過

2020年股災時，台泥特別股僅下跌0.9%
——7檔特別股、普通股漲跌幅比較

股票名稱（股號）	特別股		普通股	
	股利率（%）	漲跌幅（%）	殖利率（%）	漲跌幅（%）
國泰金（2882）	3.55、3.80	-5.0	4.2	-17
富邦金（2881）	3.60、4.10	-6.0	5.3	-20
中信金（2891）	3.20、3.75	-5.0	5.0	-21
台新金（2887）	3.80、4.75	-6.0	6.0	-19
聯邦銀（2838）	4.80	-7.0	7.0	-10
裕　融（9941）	4.00	-5.0	8.0	-25
台　泥（1101）	3.50	-0.9	10.0	-12

註：1. 資料日期為 2020.01.01 ～ 2020.03.25，普通股殖利率資料時間為 2020.03.20；2. 國泰金、富邦金、中信金、台新金各發行 2 檔特別股，因此各有 2 個股利率數據，但漲跌幅因相當接近，故簡單以單一數據表示

資料來源：台灣證交所、櫃買中心

8%。其中，跌幅相對較小的台泥，普通股只跌了 12%，特別股卻僅下跌 0.9%，抗跌能力不可小覷（詳見表 5）。

過去特別股選擇不多，但如今市場上有眾多特別股可供交

表6 相較普通股，特別股股價較穩定
——特別股、普通股比一比

	特別股	普通股
優勢	股利穩定／高股利率／浮動股利	股價潛在漲幅／股利未來成長潛力
缺點	◎股利固定重設，不會因公司盈餘變化而變動 ◎股價上漲空間相較普通股小	股價跟股利可能隨金融市場與公司獲利產生大幅波動
股利配發順序	特別股優先普通股配發	
股價穩定度	◎只要年度盈餘預期超過特別股股利1倍以上，股價穩定向上成長 ◎籌碼較普通股穩定，都是法人及退休基金，且持有率高達5成以上	股價隨金融市場波動，普通股股價穩定度較特別股低
股利率	3.2%～5.0%	隨公司盈餘變化
浮動股利	發行5.5年～7年後，股利採浮動利率	無，股利跟升息沒有關係
股東結構	個人及外資持股比重低；金融機構、特定法人、退休基金，法人資金持股多高達5成以上	個人及外資持股比重高
發行機構提前收回權	有	無

易。想長期領息的投資人，若擔心普通股波動太大，不妨把特別股加入投資組合，不但能享有股利分配優先權，也能達成穩定領息的成效（詳見表6）。

5-2 掌握特別股買賣訣竅 買到合適標的

很多投資人都不知道透過券商電話或網路下單，就可以投資台灣掛牌的特別股。要怎麼分辨股票是普通股或特別股？只要掌握兩個訣竅：

商品名稱》2 方法辨識特別股股號及股票名稱

股票代號》原股票 4 碼代號＋ 1 英文字母

普通股票的代碼為 4 碼，若有發行特別股，代號就是在 4 碼代號後面加上 1 個英文字母，如「A、B、C……」。如果該公司是第 1 次發行特別股用 A，第 2 次則用 B，依此類推。

以富邦金為例，富邦金的股票代號是「2881」，2016 年富邦金第 1 次發行特別股，代號就是「2881A」；2018 年第 2 次發行特別股，股票代碼則為「2881B」。2016 年台新金（2887）也有發行特別股，因為是公司第 5 次發行，股票代碼則為「2887E」。

股票名稱》股票簡稱＋次序名＋「特」字

特別股的中文名稱，也是從原公司股票名稱延伸，並根據發行次序給予「甲、乙、丙、丁、戊……」等字命名，中文簡稱最後則一定會再加上一個「特」字。

例如富邦金第 1 次發行特別股，就是「富邦金甲種特別股」，簡稱為「富邦金甲特」（因為是首次發行，也會直接簡稱為「富邦特」）；第 2 次發行特別股則為富邦金乙種特別股，簡稱「富邦金乙特」。另外，像是 2016 年台新金第 5 次發行特別股，中文就簡稱為「台新戊特」……依此類推。

上市櫃的股票可能會下市、下櫃，特別股當然也會因特定因素而下市或未掛牌。以台新金為例，截至 2020 年 11 月底已發行過 5 檔特別股，但投資人會發現，目前僅有台新戊特有在市場上交易；按編號來推算，台新金先前發行的 4 檔特別股（代號 2887A、2887B、2887C、2887D），將代碼輸入證交所網站或看盤軟體，為什麼找不到對應的特別股？

明明應該存在，卻找不到可供交易的特別股，是因為發生兩種情況：

◎情況 1：2000 年前發行的特別股，除了中鋼特（2002A）和國喬特（1312A）之外，都有「到期日」（發行日後的 5 年～10 年）。一旦特別股到期就終止上市，該特別股股票代碼也會在證交所消失。

◎情況 2：如果特別股沒有特定到期日，但當初發行時有約定發行機構在某個日期之後有權提前收回；一旦該批特別股全部被提前收回，也符合終止上市的規定。

交易市場》初級及次級市場皆可入手

那麼一般投資人要怎麼投資特別股？有 2 種方式，第 1 種是在公司發行時就先認購，也就是所謂的「初級市場」；第 2 種就是到股市裡買進別人要脫手的特別股，也就是所謂的「次級市場」。

1. 初級市場：

每次特別股發行時，會依照總發行數，先保留 75% ～ 80% 給原股東認購，股東可依原持股比率認購，因此大股東將有資格認購最多。另外 10% ～ 15% 部分保留給員工認購，其餘約 10% 才會公開銷售；一般投資人可透過公開承銷抽籤，參與以發行價認購新發行特別股的機會（詳見表 1）。

例如 2020 年 8 月，中租 -KY（5871）發行甲種特別股「中租甲特（5871A）」，其中 80% 就開放給原股東認購；中租股東每持有 1 張股票（1,000 股），可以發行價認購 86.8729 股；假設持有 100 張，則可認購 8,687 股。另外，10% 由員工認購，10% 則公開銷售。

2. 次級市場：

特別股正式掛牌上市後，就能在股市裡買賣；所有想要買特別股的投資人，只要透過券商下單就能交易。若投資人想要買賣這檔特別股，買賣手續與普通股完全相同（詳見表 2），無論是透過券商營業員電話下單，或是自行透過券商軟體下單都

表1 在初級市場，僅10%特別股會公開銷售
——特別股公開發行概況

可認購人	額度分配	付款方式
所有投資人	總發行額約10%對外公開銷售，投資人須透過抽籤參與認購	參與抽籤須將股款＋抽籤手續費20元＋公開說明書50元費用，一併提供券商扣款。若沒有抽中，不退還20元手續費，其餘款項則會退回
原股東	總發行額約75%～80%，供股東依原本持股比率申購；股東可持認股繳款書到銀行臨櫃或透過ATM繳款	繳款時若有匯款手續費須自行負擔
公司員工	總發行額約10%～15%供員工認購，認購方式按各公司規定	

可以。不過，既然是在市場裡交易，價格就不會與當初的發行價一致，只是波動也不會太大。

以 2018 年發行的國泰金乙特（2882B）為例，當初發行價格為每股 60 元，8 月 8 日上市當天，成交價在 60.4 元～

 **特別股交易手續費與普通股相同**
——特別股於股市交易概況

交易方式	付款方式	相關稅費
買進	交易後第2個營業日上午10點前將款項匯入交割銀行	成交金額×券商手續費0.1425%
賣出	交易後第2個營業日上午10點前可收到款項	成交金額×券商手續費0.1425% 成交金額×證券交易稅0.3%

60.6 元之間。發行 2 年多以來，截至 2020 年 11 月底，國泰金乙特最高只曾漲到 64.9 元，最低也僅在 3 月疫情衝擊時跌至 59.5 元，可見它股價的波動相當小，遇大環境衝擊時也具備優良的抗跌能力。

發行條款》每檔皆不同，可分為 4 條件

跟普通股比較不同的是，所有公司發行的普通股條款都一樣，每年都是依據公司前一年度盈餘，經由董事會及股東會同意後，決議股利的配發。特別股卻不一樣，每一家公司發行的

特別股，可以約定不同發行條件，例如：

1. 可約定股利率：股利率是指按每股發行價的固定比率發放股利，但普通股不能約定每年的股利率。

2. 可約定累積股利：特別股以在發行條款當中，約定股利可以累積。累積股利的意思是，若公司今年沒有發放特別股股利，可以在未來年度發放；相較之下，普通股今年沒有發放股利，未來也不會出現補發情況。

3. 可約定由公司買回特別股：發行公司未來可買回特別股，但普通股沒有這種發行條件。

由於每檔特別股的發行條件各有不同，接下來就帶讀者來看懂特別股的 4 大發行條件：

1. 累積 vs. 不累積

「累積特別股」是指公司若某一年度因盈餘不足分派特別股股利，導致無法配發特別股股利，在未來年度就必須補發積欠特別股的股利。也就是說，之後年度若有配發股利，將優先補足過去累積沒有配發的股利，剩餘的才會配發當年度的股利。換句話説，累積特別股就是擁有最低股利率的保障。

「不累積特別股」則是當年公司若沒有配發特別股股息，未來年度不須補發積欠特別股的股利。

目前特別股中，僅有中鋼特和國喬特屬於累積特別股。2016 年後所有新發行特別股都為不累積特別股。

2. 參加 vs. 不參加

「參加」是指特別股除了先前約定的股利率之外，若股利率不如普通股，還可參與超額的股利分配；因此又可分為「完全參加」、「部分參加」和「不參加」。而目前在實務上，台灣只存在「完全參加」和「不參加」特別股，因此以下對於部分參加特別股不另加贅述。

「完全參加特別股」，指當普通股的股利率超過特別股的股利率時，特別股股東可以額外增加至跟普通股一樣的股利率。由於在公司營運不好時，特別股股東已經能拿到約定好的股利率，如果營運好的時候，還能拿到跟普通股一樣高的股利率，這絕對是非常優質的條件。

只是在台灣，目前這麼好的特別股條件，只有中鋼特跟國喬特，這兩檔都屬於完全參加特別股；其餘 2016 年後發行的特別股，都屬於不參加特別股。

3. 提前收回權 vs. 沒有提前收回權

「提前收回權」是特別股發行某段時間後之任一日，發行公司有權以發行價收回全部或一部分特別股，到時候特別股的股東就必須提前結束投資。

特別股若被提前收回，對於投資人的優缺點是一體兩面的。因為投資人的投資期間縮短，優點是可拿回資金，再尋找其他更好的標的；缺點也是當投資人拿回本金後，卻可能找不到相同報酬率的投資標的，潛藏「再投資風險」。

假設富邦金甲種特別股的投資人，原先能夠享有股利率 4.1%，而被提前收回特別股時，在市場上其他可投資標的僅有 3% 年報酬率，投資人就得面對報酬率由 4.1% 下降至 3% 的再投資風險。

要特別注意的是，發行公司可以選擇執行或不執行收回權，也能決定執行的時間，決定權都在發行機構手中。當發行機構決定收回時，會以發行價格買回特別股，同時該公司也會進行減資動作。

4. 可轉換 vs. 不可轉換

「可轉換特別股」是指特別股股東有權以特定價格，將特別股轉換成普通股，「不可轉換特別股」則沒有這樣權利。

例如中鋼特就是可轉換特別股，可以用 1 股特別股，轉換 1 股中鋼普通股（2002）。

那麼特別股投資人，要怎麼判斷何時可以轉換呢？其實很簡單，當特別股股價（或你的持有成本）低於普通股股價時，就有轉換價值。相信沒有人想用股價較高的特別股，去轉換成股價較低的普通股吧？以中鋼特為例，2020 年 9 月 18 日收盤價 52.8 元，遠高於普通股 20.7 元，很明顯沒有轉換價值。

不過，目前台灣股市當中，擁有轉換普通股權利的特別股，也只有 5 檔（截至 2020 年 11 月 30 日）：中鋼特、國喬特、光隆甲特（8916A）、王道銀甲特（2897A）、聯合甲特（4129A）。

以富邦金甲種特別股（簡稱富邦特）實際的公開說明書做說明（詳見圖 1），可看到此檔特別股的發行條件為：

1. 股息發放屬於「不累積型」：條款中提到「其未分派或分派不足額之股息，不累積於以後有盈餘年度遞延償付」，可以知道富邦特屬於不累積特別股。若當年度公司因為盈餘不足沒有配發特別股股息，未來其他年度即使有賺錢，也不需要補發過去沒有配發的特別股股利。

2. 屬於「不參加型」：在「超額股利分配」這個項目明確說明，「甲種特別股除依前述所定之股息率領取股息外，不得參加普通股關於盈餘及資本公積為現金及撥充資本之分派。」所以此檔特別股的投資人，只能領到約定的特別股股利，就算是同年度普通股股利較高，也無法比照普通股領取額外股利。

3. 屬於「可提前買回」：在「甲種特別股收回」項目提到，「本公司得於發行日滿七年之次日起隨時按原實際發行價格，

 從公開說明書上，可了解特別股約定內容
——富邦金甲種特別股公開說明書

富邦金控 Fubon Financial

股票代號：**2881**

富邦金融控股股份有限公司

公開說明書

(一○四年度現金增資發行甲種特別股)

一、公司名稱：富邦金融控股股份有限公司

二、本公開說明書編印目的：現金增資發行甲種特別股

(一)發行新股來源：現金增資發行新股

(二)種類：記名式甲種特別股，**每股面額均為新臺幣壹拾元整。**

(三)股數：甲種特別股 600,000,000 股。

(四)金額：新台幣 6,000,000,000 元整。

(五)發行條件：

1. 現金增資發行甲種特別股600,000,000股，每股面額新臺幣10元，計新臺幣6,000,000,000元，**每股訂定以新臺幣60元溢價發行。**
2. 本次發行除依公司法第267條規定，保留發行新股總數之15%計90,000,000股由集團員工認購；另依證券交易法第28條之1規定提撥10%，計60,000,000股對外公開承銷；其餘450,000,000股按認股基準日股東名冊記載之股東持股比例認購。原股東持有股份按比例有不足一股者，得合併共同認購或歸併一人認購；認購不足一股暨原股東及員工放棄認股部份，授權董事長洽特定人認購之。
3. 本次現金增資發行甲種特別股之權利義務：

(1)到期日：本公司甲種特別股無到期日。

(2)股息：甲種特別股年率 4.10%(七年期 IRS 0.885%+3.215%)，按每股發行價格計算。年率將於發行日起滿七年之次日及其後每七年重設，重設年率按七年期 IRS + 3.215%訂定。利率重設定價基準日為利率重設日之前二個台北金融業營業日，利率指標七年期 IRS 為利率定價基準日台北金融業營業日上午十一時依英商路透社（Reuter）「PYTWDFIX」與「COSMOS3」七年期利率交換報價上午十一時定價之算數平均數。若定價基準日無法取得前述報價，則由發行機構依誠信原則與合理之市場行情決定。

(3)股息發放：本公司對於甲種特別股之股息分派具自主裁量權，包括但不限於因年度決算無盈餘或盈餘不足分派特別股股息，或因特別股股息之分派將使本公司資本適足率低於法令或主管機關所定最低要求。本公司決議取消特別股之股息分派，將不構成違約事件。其未分派或分派不足額之股息，不累積於以後有盈餘年度遞延償付。本公司決算如有盈餘，應先完納稅捐、彌補虧損，依法令規定提列法定盈餘公積並依法令規定或實際需要提列特別盈餘公積，並得分派本公司甲種特別股股息。甲種特別股股息每年以現金一次發放，於每年股東常會承認財務報告後，由董事會訂定基準日支付前一年度得發放之股息。發行年度及收回年度股息之發放，按當年度實際發行天數計算，所分配股息將認列於股利憑單。

代表股利不累積

(4)超額股利分配：甲種特別股除依前述所定之股息率領取股息外，不得參加普通股關於盈餘及資本公積為現金及撥充資本之分派。

代表屬於不參加型

(5)甲種特別股收回：本公司得於發行日滿七年之次日起隨時按原實際發行價格，收回全部或一部仍發行在外之甲種特別股。未收回之甲種特別股，其權利義務仍延續前開各款發行條件。

代表公司有提前買回權

(6)剩餘財產分配：甲種特別股分派本公司剩餘財產之順序優於普通股，與本特別股發行後所發行之特別股相同，次於一般債權人，但以不超過本公司當時已發行之甲種特別股乘以該特別股每股發行價格總額為限。

(7)表決權及選舉權：甲種特別股股東於股東會無表決權、亦無選舉董事之權利；但得被選舉為董事。於甲種特別股股東會及關係甲種特別股股東權利事項之股東會有表決權。

(8)轉換普通股：甲種特別股股東不得轉換成普通股，亦無要求公司收回其所持有之甲種特別股之權利。

代表此檔特別股不能轉換為普通股

(9)本公司以現金發行新股時，甲種特別股股東與普通股股東有相同之新股優先認股權。

公開承銷比例：10%，計60,000,000股。

承銷及配售方式：以公開申購方式對外公開承銷。

資金運用計畫之用途及預計可能產生效益之概要：請參閱第 130 頁。

發行之相關費用：

(一)承銷費用：新臺幣伍佰萬元。

資料來源：公開資訊觀測站

收回全部或一部仍發行在外之甲種特別股。未收回之甲種特別股，其權利義務仍延續前開各款發行條件。」可以知道，富邦金有權在發行日（2016 年 4 月 22 日）算起的 7 年後，提前買回部分或全部的富邦特的股權。

4. 屬於「不可轉換型」：在「轉換普通股」部分提到，「甲種特別股股東不得轉換成普通股。」由此可知，富邦特屬於不可轉換特別股。

5-3
搞懂配發條件、計算原則 股利安穩入袋

投資特別股，大家最關心的就是能夠領多少股利了。本文就帶讀者來了解特別股的股利配發條件，以及如何計算買進之後所能領到的股利。

配發條件》公司須先提撥盈餘公積才能配息

首先要知道，所有公司是否配得出特別股的股利，一定會按照以下順序評估：

1. 公司當年度有盈餘。

2. 公司根據盈餘繳納稅捐並彌補歷年虧損後，需先依法提列「法定盈餘公積」及「特別盈餘公積」（詳見註 1），如果

還有剩餘金額，公司即可優先分派特別股股息。

以大聯大甲特（3702A）為例，公開說明書當中就寫得很清楚（詳見圖1）：

「本公司年終結算如有盈餘，於完納稅捐並彌補歷年虧損後，應先依章程規定提列法定盈餘公積，其次再依法令規定或主管機關規定提撥或迴轉特別盈餘公積，如尚有餘額，得優先分派甲種特別股股息。」

「本公司對甲種特別股之股息分派具自主裁量權，如因本公司年度決算無盈餘或盈餘不足分派甲種特別股股息或其他必要考量，得經股東會決議不分派特別股股息，不構成違約事由。」

因此，如果公司當年度沒賺錢，或是提列盈餘公積之後沒有多餘金額，也有可能配不出特別股的股利。但是條款有寫上，

註1：「法定盈餘公積」是按《公司法》規定，公司需提列稅後盈餘的10%為法定盈餘公積；主要用途是累積公司資本，若日後產生虧損則可用來彌補，但若公司累積的法定盈餘公積金額達到與實收資本額相同則可不必提列。「特別盈餘公積」則是公司可依照章程或另以股東會決議，提撥出特別盈餘公積以供特定用途使用。

 大聯大若無盈餘則不發放特別股股利——大聯大甲特（3702A）公開說明書

股票代碼：3702

大聯大投資控股股份有限公司
WPG Holdings Limited
公開說明書
(一〇八年度現金增資發行甲種特別股)

一、公司名稱：大聯大投資控股股份有限公司。
二、本公開說明書編印目的：現金增資發行甲種特別股。
三、本次現金增資發行新股概要

(一)新股來源：現金增資發行新股。
(二)新股種類：記名式甲種特別股，**每股面額新台幣壹拾元整。**
(三)股數：甲種特別股200,000仟股。
(四)金額：新台幣2,000,000仟元整。
(五)發行條件：

1.現金增資發行甲種特別股200,000仟股，**每股面額新台幣10元整**，每股發行價格為新台幣50元，預計可募集總金額新台幣10,000,000仟元。

2.本次現金增資發行特別股擬依公司法第267條規定，保留增資發行新股10%，計20,000仟股由本公司員工承購，並依證券交易法第28條之1規定，提撥增資發行新股之10%，計20,000仟股，採公開申購方式對外公開承銷。其餘80%，計160,000仟股，由原股東按增資認股基準日股東名簿記載之持股比例認購。原股東持有股份按比例不足分認一新股者，得合併共同認購或歸併一人認購；原股東及員工放棄認購或拼湊後仍不足一股之畸零股部分，授權董事長洽特定人按發行價格承購之。

3.本次現金增資發行甲種特別股之權利義務：

(1)到期日：本公司甲種特別股無到期日。

(2)股息：甲種特別股股息率為年利率4%，以定價基準日(108年8月13日)之五年期IRS利率0.605%+固定加碼利率3.395%，按每股發行價格計算；五年期IRS利率將於發行日起滿五年之次一營業日及其後每五年重設。利率重設定價基準日為利率重設日之前二個台北金融業營業日，利率指標五年期IRS為利率重設定價基準日台北金融營業日上午十一時依英商路透社(Reuters)「TAIFXIRS」與「COSMOS3」五年期利率交換報價上午十一時定價之算術平均數。若於利率重設定價基準日無法取得前述報價，則由本公司依誠信原則與合理之市場行情決定。

(3)股息發放：甲種特別股股息得每年以現金一次發放，於每年股東常會承認財務報告後，由董事會訂定基準日支付前一年度得發放之股息。發行年度及收回年度股息之發放，按當年度實際發行日數計算。

(4)本公司年終結算如有盈餘，於完納稅捐並彌補歷年虧損後，應先依章程規定提列法定盈餘公積，其次再依法令規定或主管機關規定提撥或迴轉特別盈餘公積，如尚有餘額，得優先分派甲種特別股股息。

(5)本公司對甲種特別股之股息分派具自主裁量權，如因本公司年度決算無盈餘或盈餘不足分派甲種特別股股息或其他必要考量，得經股東會決議不分派特別股股息，不構成違約事由。

(6)甲種特別股為非累積型，其決議不分派或分派不足額之股息，不累積於以後有盈餘年度遞延償付。

(7)超額股利分配：甲種特別股股東除依本項第(2)~(3)款所述之股息外，不得參與普通股關於盈餘及資本公積為現金及撥充資本之分派。

(8)剩餘財產分配：甲種特別股股東分派本公司剩餘財產之順序優先於普通股股東，且與本公司所發行之各種特別股股東受償順序相同，均次於一般債權人，但以不超過分派當時已發行流通在外特別股股份按發行價格計算之數額為限。

(9)表決權及選舉權：甲種特別股股東於本公司股東會無表決權及選舉權，但於甲種特別股股東會及對甲種特別股股東權利義務不利事項之股東會有表決權。

(10)轉換普通股：甲種特別股不得轉換成普通股。

(11)特別股收回：甲種特別股股東不得要求本公司收回其所持有之特別股，但本公司得於發行屆滿五年之次日起隨時按原實際發行價格，收回全部或一部之特別股。未收回之甲種特別股，仍延續前述各款發行條件之權利義務。若當年度本公司決議發放股息，截至收回日應發放之股息，按當年度實際發行日數計算。

(12)甲種特別股溢價發行之資本公積，於發行期間，除彌補虧損外不得撥充資本。

(13)本公司以現金發行新股時，甲種特別股股東與普通股股東有相同之新股優先認股權。

(六)公開承銷比率：本次現金增資發行甲種特別股股數總額之10%，計20,000仟股對外公開承銷。
(七)承銷及配售方式：承銷方式為包銷，並採公開申購方式對外公開承銷。
(八)甲種特別股發行及轉換辦法：請參閱本公開說明書附件一。

四、本次資金運用計畫之用途及預計可能產生效益：請參閱本公開說明書第71頁。
五、本次發行之相關費用：

資料來源：公開資訊觀測站

如因其他必要考量，公司得決議不分派股利，「必要考量情況」是指什麼呢？

若有特別情況不適合公司發放股利，公司也有權選擇不發放特別股股利，但必須是非常必要考量，才能適用，例如公司下一期面臨賠付鉅額賠款，或是金融市場融資功能停滯；若發放股利後，可能面臨現金短缺、融資困難，危害公司營運等情況。

要注意的是，如果發行特別股的公司是「金融業」，那麼在發放股利時，會比一般「非金融業」的公司多一項「資本適足率」（詳見註2）的限制。

主管機關為維護金融穩定，對金融業的「資本適足率」有最低要求，因此，縱使公司全年度有盈餘，但若資本適足率未達標準，盈餘必須先用來補充公司資本，不能直接配發股利。

換句話說，金融業所發行的特別股，配發股利的標準除了要

註2：資本適足率為「公司資本淨額 ÷ 風險性資產總額 ×100%」，金管會規定的最低比率亦會因應金融環境變化進行調整。

有盈餘，還要符合額外最低資本適足率的要求。直接來看國泰特（2882A）的公開說明書就很清楚了（詳見圖 2）：

「本公司每年決算如有盈餘，除依法完納稅捐外，應先彌補以往年度虧損並依法提列法定盈餘公積、提列或迴轉特別盈餘公積，如尚有餘額，優先分派特別股當年度得分派之股息。」

「本公司對特別股之股息分派具自主裁量權，如因本公司年度決算無盈餘或盈餘不足分派特別股股息，或因特別股股息之分派將使本公司資本適足率低於法令或主管機關所定最低要求或基於其他必要之考量，本公司得決議不分派特別股股息，特別股股東不得異議。」

股利計算》依實際發行日數計算

特別股投資人能領到多少股利？基本上是按照發行時約定的「股利年率」（以下簡稱股利率）計算；但如果是發行的第 1 年，或是特別股被收回的那年，因為發行的時間不足一整年，因此所領到的股利就需要依全年實際發行天數占全年總天數之比率計算。

計算特別股股利時，可掌握以下重點：

1. 全年股利＝發行價格 × 股利率

有買過普通股的投資人，領取股利時多以面額為計算基礎（目前台灣上市櫃股票的面額多為每股 10 元。無論你買進成本多少，若每股配息 1 元，投資人都會領到「持有股數 ×1 元」的現金股利。

不過，特別股的股利，則是按照「發行價 × 股利率」來計算，目前有 45 元、50 元、52 元、60 元、100 元等發行價。股利率則以發行時約定的數字為準，以國泰特為例，發行價是每股 60 元，前 7 年的股利率為 3.8%，則若持有 1 張國泰特，投資人前 7 年的每 1 年度會獲得股利 2,280 元（＝60×3.8%×1,000））。

2. 特別股股利按日計算

投資普通股，只要在除息日之前買進，當年就可以領到公司宣告的每股配息。例如每股配息 1 元，投資人持有 1,000 股，只要除息日之前買進，當年都會領到 1,000 元（＝ 1,000 股 ×1 元）的現金股利。

金融股須符合資本適足率才能發股利——國泰特（2882A）公開說明書

股票代碼：2882

國泰金融控股股份有限公司
Cathay Financial Holding Co., Ltd.

公開說明書

(一○五年度現金增資發行甲種特別股)

一、公司名稱：國泰金融控股股份有限公司

二、本公開說明書編制目的：現金增資發行甲種特別股

(一) 本次發行新股來源：現金增資發行新股
(二) 種類：記名式甲種特別股，**每股面額新臺幣壹拾元整。**
(三) 股數：甲種特別股 833,300 仟股
(四) 金額：募集總金額為新臺幣 49,998,000 仟元整
(五) 發行條件：

1.現金增資發行甲種特別股 833,300 仟股，每股面額新台幣壹拾元，計新台幣 8,333,000 仟元，每股以 60 元溢價發行。

> 從發行條件可看出，每股發行價60元

2.本次增資發行除依公司法第 267 條規定，保留增資發行新股 10%，計 83,330 仟股予本公司員工承購；另依證交法第 28-1 條規定提撥增資發行新股 10%，計 83,330 仟股，以公開申購配售方式對外公開承銷；其餘 80%，計 666,640 仟股，按認股基準日股東名冊記載之股東持股比例認購。原股東持有股份按比例認購不足一股之畸零股，得合併共同認購或歸併一人認購；原股東及員工放棄或拼湊不足一股之畸零股部分，授權董事長洽特定人認購之。

3.本次現金增資發行甲種特別股之權利義務：

> 前7年股利率3.8%

(1)甲種特別股年率 3.8%(七年期 IRS 利率 1.06%+2.74%)，按每股發行價格計算。七年期 IRS 利率將於發行日起滿七年之次日及其後每七年重設。利率重設定價基準日為利率重設日之前二個台北金融業營業日，利率指標七年期 IRS 為利率定價基準日台北金融業營業日上午十一時依英商路透社（Reuter)「PYTWDFIX」與「COSMOS3」七年期利率交換報價上午十一時定價之算數平均數。若定價基準日無法取得前述報價，則由發行機構依誠信原則與合理之市場行情決定。

> 年度須有盈餘、資本適足率須符合主管機關最低要求，才可發放股利

(2)本公司每年決算如有盈餘，除依法完納稅捐外，應先彌補以往年度虧損並依法提列法定盈餘公積、提列或迴轉特別盈餘公積，如尚有餘額，優先分派特別股當年度得分派之股息。

(3)本公司對特別股之股息分派具自主裁量權，如因本公司年度決算無盈餘或盈餘不足分派特別股股息，或因特別股股息之分派將使本公司資本適足率低於法令或主管機關所定最低要求或基於其他必要之考量，本公司得決議不分派特別股股息，特別股股東不得異議。本次所發行之特別股為非累積型，其未分派或分派不足額之股息，不累積於以後有盈餘年度遞延償付。

(4)特別股股東除領取本項第一款所述之股息外，不得參加普通股關於盈餘及資本公積為現金及撥充資本之分派。

(5)特別股股東分派本公司剩餘財產之順序優先於普通股股東，且與本公司所發行之各種特別股股東之受償順序相同，均次於一般債權人，但以不超過發行金額為限。

(6)特別股股東無表決權及選舉權，但於特別股股東會或涉及特別股股東權利義務事項之股東會有表決權。

(7)特別股不得轉換成普通股，特別股股東亦無要求本公司收回其所持有之特別股之權利。

(8)特別股屬無到期日，但本公司得於發行屆滿七年之次日起隨時按原實際發行價格，收回全部或一部之特別股。未收回之特別股，仍延續前述各款發行條件之權利義務。

(9)特別股有特別約定條件者，請參閱本公開說明書第 81 頁。

(六) 公開承銷比例：本次現金增資發行甲種特別股總數 10%對外公開承銷。
(七) 承銷及配售方式：包銷，以公開申購配售方式對外公開承銷。

三、本次資金運用計畫之用途及預計可能產生效益之概要：參閱本公開說明書第 80 頁。

四、本次發行之相關費用

(一) 承銷費用：新臺幣伍佰萬元。
(二) 其他費用(包括會計師、律師等費用)：新臺幣壹佰萬元。

五、有價證券之生效，不得藉以作為證實申報事項或保證證券價值之宣傳。

資料來源：公開資訊觀測站

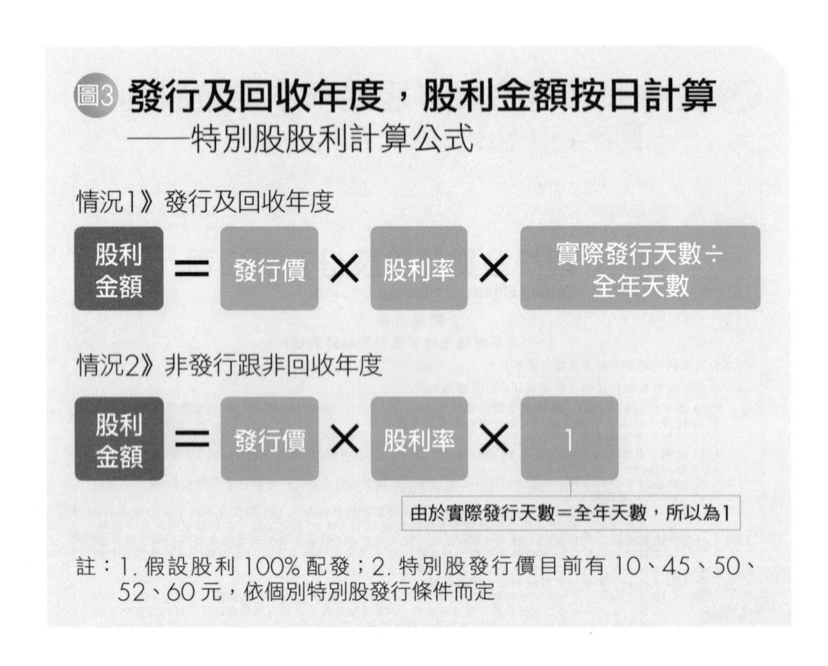

投資特別股，同樣只要在除息日之前買進，當年就可領到公司宣告的每股配息，但不一樣的是，雖然每年股利率都相同，特別股股利較像債券利息，是按日計算。

在發行年度，或是特別股被收回的年度，實際發行日數通常不足 1 年，因此每股現金股利是按照全年實際發行天數按比率計算，但非發行與非收回年度的股利就是拿足全年股利（詳

試算範例 台新戊特特別股股利

台新戊特（2887E）前7年的股利率為4.75%，2016年12月28日發行，每股發行價格為50元。如果投資人以50元認購1股並持續持有，2016年及2017年持有該特別股，分別能領到多少股利（暫不計相關稅費）？

2016年股利（2017年發放）：2016年為特別股發行年度，全年共有366天；未滿1年按比率計算（2016年12月28日到2016年12月31日，只有實際發行4天），股利計算式如下：

每股股利＝每股發行價×股利率×（發行天數÷全年總天數）
＝50元×4.75%×（4÷366）＝**0.02595628元**

2017年股利（2018年發放）：2017年已不是發行年度，實際發行日數為完整的一年，股利計算式如下：

每股股利＝每股發行價×股利率＝50元×4.75%＝**2.375元**

結論：可以知道發行當年度的股利，除非是在年初就發行，不然第1次配發發行年度的股利，都會少於接下來完整1年度的股利。

見圖 3、試算範例）：

①**非發行年度及收回年度**：每股發行價格乘上股利率。

②**發行年度及收回年度**：發行價格乘上股利率後，再乘上「當

年度實際發行日數 ÷ 全年度日數」。

股利率》前幾年固定，之後依浮動利率重設

2016 年之後台灣所發行的特別股，股利率都是前幾年固定（多為前 5 年～前 7 年），之後每 5 年～ 7 年依當時浮動利率加碼重設新的股利率。

以富邦特（2881A）為例，就是約定 7 年重設、最早買回日為發行日起滿 7 年，從公開說明書可看到相關說明：

「股息：甲種特別股年率 4.10%（七年期 IRS 0.885% + 3.215%），按每股發行價格計算。年率將於發行日 2016 年 4 月 22 日起滿七年之次日及其後每七年重設，重設年率按七年期 IRS + 3.215% 訂定。利率重設定價基準日為利率重設日之前二個台北金融業營業日。」富邦特的股利率解讀成白話文如下：

◎發行第 1 ～ 7 年（2016 年 4 月 22 日～ 2023 年 4 月 21 日）：4.1%。

◎發行滿 7 年之後：2023 年 4 月 22 日滿 7 年，這天是利率重設日，之後會於每 7 年，以「7 年期 IRS（詳見註 3）＋ 3.215%」，重設新配息率（詳見圖 4）。

假設 2023 年 4 月 20 日的 7 年期 IRS 為 1%，那麼「7 年期 IRS ＋ 3.215%」為 4.215%，因此 2023 年 4 月 22 日～2030 年 4 月 21 日的股利率就是 4.215%。

特別股約定重設股利率，對於投資人而言有以下好處：

1. 分散風險：特別股每 5 年～ 7 年重設一次股利率，可以分散在單一時點決定股利率的風險，也可以跟隨市場利率水準做調整。

2. 升息環境下更有保障：如果重設時正逢升息環境，那麼重新設定後，投資人可獲得更高的利率。

註 3：IRS：全名為 Interest Rate Swaps（利率交換），為一種衍生性金融合約，可約定一段期間內的利率；交易雙方約定在未來特定期間內，每半年或每 3 個月，一方支付浮動利率，另一方支付約定的固定利率作為對方利息。市場上每日都會訂出 IRS 報價，而特別股發行時會於公開說明書載明利率重設日所參考的 IRS 報價依據。

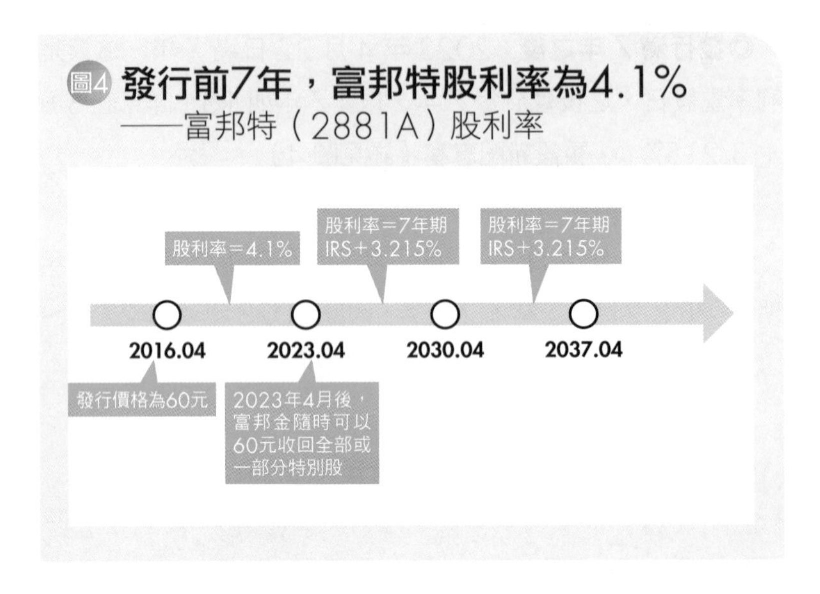

3. 加碼固定利率提供投資人最低保障：上述富邦特重設股利率的方式為 7 年期 IRS ＋ 3.215%，若未來進入降息環境，利率降到零，投資人可獲得的股利率仍有 3.215%。

5-4
依照有無「提前收回權」正確計算報酬率

投資時，要先了解標的每年能夠帶來多少報酬率，也就是「獲利 ÷ 投資本金 ×100%」。而投資特別股，獲利就是我們所能領到的股利，以及未來賣出時可能的價差；因此只要有投資成本、可領取股利、賣出價（通常為此檔特別股發行價）這 3 個數字，就能算出一檔特別股每年可為我們帶來的報酬率，也就是所謂的「殖利率」。計算殖利率時，可先將特別股區分為「有收回權」與「沒有收回權」兩類：

沒有收回權特別股》與普通股計算方式相同

截至 2020 年 11 月底，台股當中屬於「沒有收回權」的特別股，其實只有中鋼特（2002A）與國喬特（1312A）這兩檔。由於國喬特大多時候每日成交量都低於 20 張，所以本書接下來的內容暫不討論國喬特。以下直接帶大家來看看，若持有中鋼特，殖利率要怎麼計算？

其實很簡單，因為公司無權收回特別股，所以中鋼特的殖利率就與普通股的殖利率算法大致相同：

殖利率＝股利 ÷ 投資當時的股價 × 每年配發股利的機率。

中鋼特屬於「累積特別股」，也就是說，即使當年因為無盈餘而配不出股利，也會在未來年度補發，所以「每年配發股利的機率」可設定為 100%。

以 2020 年每股發放股利 1.4 元，除上 2020 年 9 月 30 日收盤價 52.5 元計算，殖利率為 2.66%（＝1.4÷52.5×100%，詳見表 1）。

有收回權特別股》需計算 2 種殖利率

在台灣，2016 年之後發行的特別股，都屬於「有收回權」，

表1 中鋼特目前股利殖利率為2.66%
——中鋼特（2002A）股利殖利率

項目	中鋼特
A.2020年配發股利（元）	1.40
B.2020年9月30日股價（元）	52.50
C.平均股利殖利率（%）＝A÷B	2.66

也就是發行公司有權在約定時間期滿之後，以發行價或是其他約定價格收回。如果公司真的收回特別股，對於殖利率的影響如下：

1. 如果投資人最初是以高於發行價買進，未來被發行公司以發行價收回，投資人會產生價差損失，殖利率會降低。

2. 如果投資人最初是以低於發行價買進，未來被發行公司以發行價收回，投資人會產生價差利得，殖利率會提高。

有收回權的特別股，因為不確定會不會被收回，因此可以根據收回與不收回這兩種情況，分別計算殖利率。若是有收回的情況，直接運用 Excel 的 XIRR 公式計算；無收回的殖利率計算公式則如下：：

無收回殖利率＝全年股利 ÷ 投資成本（投資人買進的股價）×100%。

以台新戊特（2887E）為例，在 2016 年 12 月發行，每股發行價 50 元，股利率為 4.75%，因此每年每股會配發 2.375 元股利。

假設投資人於 2020 年 10 月 1 日以市價每股 53.2 元買進，年年都領到股利，每年都於 6 月 30 日領到前一年度股利，並在 2023 年 12 月 31 日被發行機構以每股 50 元收回。那麼，投資人持有此檔特別股的殖利率是多少？

◎無收回殖利率：4.47%（＝全年股利 2.375 元 ÷ 買進股價（投資成本）53.2 元 ×100%）。

◎有收回殖利率：假設公司在最早收回日 2023 年 12 月

31 日，確實收回此檔特別股，那麼這段投資期間的殖利率（每年報酬率）為 3.7%。計算步驟詳見圖解操作。

由圖解操作的計算可以知道，此檔特別股的發行價是 50 元，但因為投資成本為 53.2 元，投資價格高於發行價，因此即使沒被收回，殖利率 4.47% 會比發行時約定的股利率 4.75% 還低。若未來被發行公司收回，殖利率又會下降至 3.7%。

由於特別股的股價波動程度不高，即使買進價格高於發行價，只要投資人滿意算出的殖利率，其實也無傷大雅。不過，若是有機會碰到低於發行價的股價，將能獲得比約定股利率更高的報酬，別忘了把握股價低於發行價的絕佳布局時機。

圖解操作 計算提前收回特別股殖利率

Step1 在Excel中，按順序列出每年現金流量日期及現金流量。收到現金以正數表示，支付現金以負數表示：

◎**買進特別股，支出現金**：假設2020年10月1日，以每股市價53.2元買進台新戊特，因為是支出現金購買，需以負數表示，因此於儲存格B2填入❶「-53.2」。

◎**領取每年股利，領回現金**：假設2021年～2023年，每年6月30日收到屬於2020年～2022年的全年股利2.375元，因為是收到現金，需以正數表示，因此於儲存格B3～B5填入❷「2.375」。

◎**特別股被發行公司收回，領回現金**：假設2023年12月31日公司以發行價收回此檔特別股，投資人除了能領到發行價的金額，還會收到該年度按日計算的股利。因為收到發行價50元，在儲存格B7填入❸「50」。而股利的部分，可收到屬於收回年度按日計算的股利2.375元。假設2023年12月31日收回，發行365天，計算方式為：50元×4.75%×365÷365＝2.375元。因為是現金，需以正數表示，因此於儲存格B6填入❹「2.375」。

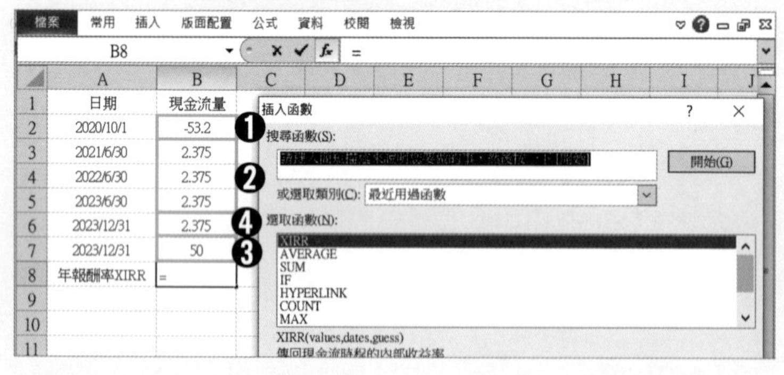

Step2 在Step1已經分別於儲存格A2～A7填入了現金流發生的日期，並於儲存格B2～B7填入現金流量，接下來點選❶儲存格B8，再點選工具列中的「公式」、「插入函數」、「XIRR」，叫出XIRR的函數引數視窗。

於視窗當中的❷「Values」（現金流），選取現金流資料範圍B2～B7，再於❸「Dates」（日期）選取資料範圍A2～A7，按下❹「確定」鍵，或直接於B8儲存格鍵入❺「=XIRR(B2:B7,A2:A7)」，就能輕鬆得出計算結果❻「3.7%」。

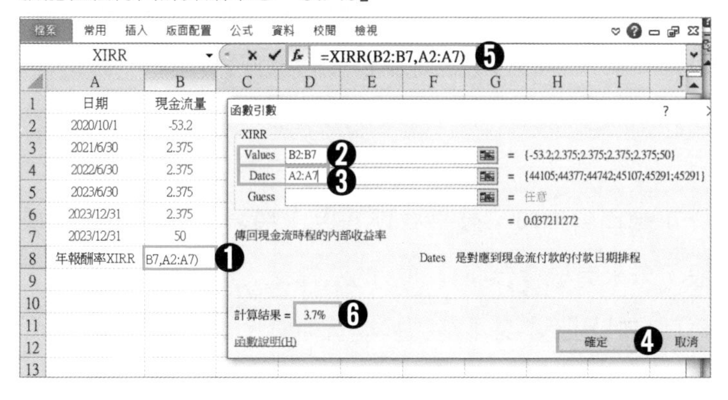

5-5
認識台灣掛牌特別股
依產業及標的類型分散投資

台灣目前掛牌的特別股，若按照轉換性質分類，可分為「可轉換特別股」以及「不可轉換特別股」。

「可轉換特別股」就是有權利以 1 股特別股轉換成 1 股普通股，未來有機會參與普通股的漲幅。「不可轉換特別股」，當然就是特別股本身不能轉換為普通股。

可轉換特別股》未來有機會參與普通股漲幅

目前（截至 2020 年 12 月 2 日）台灣市面上的可轉換特別股只有 4 檔：中鋼特（2002A）、王道銀甲特（2897A）、光隆甲特（8916A）、聯合甲特（4129A）。不過，以股價來看，因為普通股股價都低於特別股許多，因此都沒有轉換價值（詳見表 1）。

這 4 檔特別股當中，只有中鋼特屬於「累積型」、「完全參加」、「沒有提前收回權」，是條件最優的一檔。其餘王道銀甲特、光隆甲特、聯合甲特，都是屬於「不累積型」、「不參加」、「有提前收回權」的可轉換特別股（詳見表 2）。

1. 中鋼特（2002A）

①發行時間：中鋼特是台股當中最早發行的可轉換特別股，1974 年～ 1981 年間分 4 次發行。

②發行狀況：目前流通在外共有 3,820 萬股。

③股利：

◎累積型：約定每年發放每股股利 1.4 元，且為累積發放。也就是說，如果當年沒有配發特別股股利，未來年度會補發前期發放不足 1.4 元的股利，不過截至目前為止未有延遲發放紀錄。

◎完全參加：除了 1.4 元的約定股利，如果當年普通股股

表1 普通股股價遠低於特別股，不具轉換價值

特別股簡稱（股票代號）	約定股利率	發行5～7年後重設股利率標準
中　鋼　特（2002A）	1.4元（固定股利）	
王道銀甲特（2897A）	4.25%	5年期IRS＋3.30625%
光隆甲特（8916A）	5.00%	5年期IRS＋1.095%
聯合甲特（4129A）	4.50%	5年期IRS＋3.7838%

註：收盤價日期為 2020.12.02　　資料來源：公開資訊觀測站

表2 中鋼特為條件最優的可轉換特別股

特別股簡稱（股票代號）	發行股數（千股）	每股發行（轉換）價格
中　鋼　特（2002A）	38,000	10
王道銀甲特（2897A）	300,000	10
光隆甲特（8916A）	18,200	50
聯合甲特（4129A）	10,000	52

註：「可參加」指特別股若股利率不如當年普通股，可參與超額分配普通股的股利；「累積型」為股利可累積；「可轉換」為特別股可轉換為普通股

利高於 1.4 元，中鋼特股東還能領取跟普通股一樣高的股利。例如 2011 年普通股股利每股為 2.49 元，中鋼特股東的股利也可增加至每股 2.49 元。

——4檔可轉換特別股

	每股發行價格（元）	特別股收盤價（元）	普通股收盤價（元）
	10	50.70	23.30
	10	10.20	6.60
	50	50.20	39.85
	52	47.50	35.70

——4檔可轉換特別股性質

	可參加	累積型	可轉換	發行機構最早可收回日
	是	是	是	無
	否	否	是	2024.05
	否	否	是	2023.12
	否	否	是	2024.05

資料來源：公開資訊觀測站

④收回權：中鋼特為「沒有收回權」的特別股。

⑤轉換條件：可以轉換為普通股，然而 2020 年 12 月 2

日普通股收盤價23.3元，低於特別股50.7元，不具轉換價值，因此沒有將高股價的特別股轉換成普通股的誘因。

2. 王道銀甲特（2897A）

①**發行時間**：2018年11月29日，上市買賣時間為2019年1月9日。

②**發行狀況**：發行3億股，每股發行價格10元，總發行額30億元。

③**股利**：為非累積型。第1年～5.5年每年股利率4.25%（須符合特別股股利發放條件）；發行滿5.5年後，股利率按新台幣5年期IRS＋3.30625%重設，此後每5.5年重設一次。

④**收回權**：發行後5.5年後，公司可按每股發行價格10元收回。

⑤**轉換條件**：發行1年後（2019年11月30日）起，股東可以申請1股甲種特別股轉換成1股普通股。要等普通股

價格高於特別股才有轉換誘因，然而 2020 年 12 月 2 日普通股收盤價 6.6 元低於特別股 10.2 元，還不具備轉換價值。

3. 光隆甲特（8916A）

①**發行時間**：2018 年 12 月 20 日，上櫃買賣時間為 2019 年 1 月 29 日。

②**發行股數**：1,820 萬股，每股發行價格 50 元。發行規模偏小，流動性沒有其他檔特別股好。

③**股利條件**：為非累積型。第 1 年～ 5 年每年股利率 5%（須符合特別股股利發放條件）；發行滿 5 年後，股利率按新台幣 5 年期 IRS + 1.095% 重設，此後每 5 年重設一次。

④**收回權**：發行 5 年後（2023 年 12 月 21 日），公司可按每股發行價格 50 元收回。

⑤**轉換條件**：發行 1 年後（2019 年 12 月 21 日）起，股東可申請 1 股特別股轉換成 1 股普通股。2020 年 12 月 2 日普通股為 39.85 元，低於特別股 50.2 元，不具轉換價值。

4. 聯合甲特（4129A）

①發行時間：2019 年 10 月 18 日，上市買賣時間為 2019 年 11 月 29 日。

②發行狀況：1,000 萬股，每股發行價格 52 元，總發行 5 億 2,000 萬元，通常特別股發行股數若能高於 1 億股，其次級市場流動性會比較好，這一檔發行量僅有 1,000 萬股，也就是只有 1 萬張股票在市場上流通，流動性比較不好。

③股利條件：為非累積型。第 1 ～ 5 年每年股利率 4.5%（須符合特別股股利發放條件）；發行 5 年後股利率按新台幣 5 年 IRS ＋ 3.7838% 重設，此後每 5 年重設一次。

④收回權：發行 5 年後（2024 年 10 月 19 日），公司可按發行價格 52 元收回。

⑤轉換條件：發行 1 年後（2020 年 10 月 19 日），股東可以申請 1 股甲種特別股轉換成 1 股普通股。2020 年 12 月 2 日普通股收盤價為 35.7 元，低於特別股的 47.5 元，缺乏轉換誘因。

不可轉換特別股》以穩定領高股利為主

台股中 2016 年之後發行的特別股，幾乎都是不可轉換特別股。統計目前在市面上掛牌的特別股，有 9 成以上都是不可轉換特別股，且都具備以下性質——不累積股利、不參加股利、不轉換、可提前收回。

通常股利配發紀錄良好的公司，發行的特別股多有約定 3.2% ～ 4.8% 的高股利率（詳見表 3），但是股利都不能累積，也無法參與分配普通股的超額股利。另外，由於約定股利率已經很高，也通常不具備轉換普通股的權利；同時都具備收回權力，大多是訂在發行日後 5 ～ 7 年，屆時發行公司有權利部分或全部以發行價買回特別股。

金融特別股》流動性佳，但股利發放可能受限

若再將不可轉換特別股以產業分類，又可以區分為金融特別股與非金融產業特別股：

金融產業》流動性好，但股利受限資本適足率

表3 不可轉換特別股股利率至少有3.2%以上

特別股簡稱（股票代號）	股利率（%）	收回股利率（%）	不收回股利率（%）	
國　泰　特（2882A）	3.80	3.47	3.67	
國泰金乙特（2882B）	3.55	3.11	3.40	
富　邦　特（2881A）	4.10	3.70	3.95	
富邦金乙特（2881B）	3.60	3.19	3.46	
中信金乙特（2891B）	3.75	2.37	3.47	
中信金丙特（2891C）	3.20	2.61	3.05	
台新戊特（2887E）	4.75	3.79	4.47	
台新戊特二（2887F）	3.80	3.96	3.73	
聯邦銀甲特（2838A）	4.80	4.44	4.61	
裕融甲特（9941A）	4.00	3.79	3.87	
台泥乙特（1101B）	3.50	1.71	3.24	
大聯大甲特（3702A）	4.00	4.75	4.00	
新光金甲特（2888A）	3.80	4.59	3.86	
新光金乙特（2888B）	4.00	4.40	4.10	
中租-KY甲特（5871A）	3.80	3.83	3.80	
恒耀甲特（8349A）	3.80	9.83	4.69	
文曄甲特（3036A）	4.00	N/A	N/A	
平均漲幅（%）				

註：1. 資料日期為 2020.10.30；2. 新光金乙特、中租 -KY 甲特、恒耀甲特為 2020 年發行，無 2019 年資料；3. 文曄甲特為 2020 年 10 月 15

——台灣掛牌不可轉換特別股概況

未來浮動股利重設	發行機構最早可收回日	2019年含息報酬率（%）	2020年迄今含息報酬率（%）
7y IRS+2.74%	2023.12	4.21	0.44
7y IRS+2.3825%	2025.06	5.16	1.14
7y IRS+3.215%	2023.04	4.41	-0.98
7y IRS+2.43%	2025.03	6.49	0.56
7yIRS+2.6675%	2024.12	8.15	1.44
7yIRS+2.21%	2026.04	5.50	1.63
7yIRS+3.5325%	2023.12	9.54	0.14
7yIRS+2.7%	2025.11	10.53	-3.12
5yIRS+3.90875%	2023.04	7.49	-0.55
5yIRS+3.06125%	2023.10	5.88	-0.56
5yIRS+2.5625%	2023.12	7.18	3.43
5yIRS+3.395%	2024.09	3.40	-2.18
7yIRS+3.08%	2026.09	2.22	-2.72
7yIRS+3.32%	2027.08	N/A	-2.44
5yIRS+3.2375%	2025.09	N/A	-0.10
5yIRS+3.07125%	2025.02	N/A	-19.00
5yIRS+3.3875%	2025.10	N/A	N/A
		6.17	-1.43

日發行；4. 表中 5y 為 5 年期；7y 為 7 年期
資料來源：公開資訊觀測站、台灣證交所

目前市面上不可轉換特別股當中，共有 11 檔金融特別股。發行公司有國泰金（2882）、富邦金（2881）、中信金（2891）、台新金（2887）、聯邦銀（2838）、新光金（2888）；除了聯邦銀僅發行 1 檔特別股外，其餘都發行 2 檔特別股。

這些金融產業的不可轉換特別股，發行總金額達新台幣 2,613 億元，除了新光金甲特（2888A）發行金額為 33 億 7,500 萬元外，其餘發行金額都有百億元以上（詳見表 4）。再觀察發行股數，除新光金甲特（2888A）外，皆有 1 億 6,000 萬股以上，對投資人來說，投資金融特別股在次級市場的轉手性不用太擔心。

5-3 有提到，若發行公司為金融業，主管機關為維護金融穩定，對金融業有最低資本適足率的要求。此外，金融特別股中又區分為「壽險為主體金控特別股」、「銀行為主要業務的金控特別股」、「純銀行特別股」；主管機關會根據壽險公司、銀行的風險控管，增設資本適足率標準。

因此縱使公司有盈餘，但資本適足率不符要求，當年度是有

金融特別股發行金額多超過百億元
——不可轉換特別股發行金額列表

類別	特別股簡稱（股票代號）	發行股數（千股）	每股發行價格（元）	發行金額（億元）
金融特別股	國泰特（2882A）	830,000	60	500.00
	國泰金乙特（2882B）	730,000	60	420.00
	富邦特（2881A）	600,000	60	360.00
	富邦金乙特（2881B）	660,000	60	400.00
	中信金乙特（2891B）	333,330	60	200.00
	中信金丙特（2891C）	166,660	60	100.00
	台新戊特（2887E）	500,000	50	250.00
	台新戊特二（2887F）	300,000	50	150.00
	聯邦銀甲特（2838A）	200,000	50	100.00
	新光金甲特（2888A）	75,000	45	33.75
	新光金乙特（2888B）	222,000	45	100.00
產業特別股	裕融甲特（9941A）	100,000	50	50.00
	台泥乙特（1101B）	200,000	50	100.00
	大聯大甲特（3702A）	200,000	50	100.00
	中租-KY甲特（5871A）	150,000	100	150.00
	文曄甲特（3036A）	135,000	50	67.50
	恒耀甲特（8349A）	10,000	50	5.00

資料來源：公開資訊觀測站、台灣證交所

可能領不到股利的，投資人在投資金融特別股之前，除了要考慮公司獲利能力外，也要考量公司資本適足率是否有達到主管機關的要求，否則可能限制未來特別股利的發放。

非金融產業》數量較少，但無資本適足率限制

目前市面上，共有6檔非金融產業的不可轉換特別股，又可稱為「產業特別股」：裕融甲特（9941A）、台泥乙特（1101B）、大聯大甲特（3702A）、中租-KY甲特（5871A）、文曄甲特（3036A）、恒耀甲特（8349A）。

其中，發行金額超過新台幣百億元的僅有3檔，分別為中租-KY甲特、台泥乙特及大聯大甲特，流動性較佳。

而不屬於金融產業的這些發行公司，就沒有主管機構對於資本適足率的限制了，只是一旦公司當年度沒有盈餘，或盈餘提列公積後不足以發放股利，投資人也有可能領不到股利，這是投資前需有的心理準備，投資前最好能仔細挑選標的。

再次提醒讀者，投資特別股前，必須要詳讀公開說明書，理解該特別股的股利條件及其他發行條件，包括：股利是否累

積？是否參加？股利率是否過幾年重設？是否可提前買回？才不會對未來股利期待產生誤會。

建議投資人可以適度分散投資不同產業、不同檔特別股，一來不會太集中特定產業，不受特定產業經營風險；二來也可以達到分散提前買回期限，以避免手上特別股同時被買回。

5-6
依據 5 條件選對標的 年年穩收息

跟普通股相比，目前台灣流通的特別股不到 20 檔，選擇範圍其實已經非常小；不過，剛開始挑選時難免感到困惑，總不能每檔都各買一張吧？如果只有一筆錢，有沒有能優先買進的標準？

接下來就根據 MissQ 最常被問到的問題，帶大家一起來挑選特別股：

解答特別股常見 3 大疑問

1. 如何評估特別股流動性？

流動性其實是投資特別股的第 1 考量，特別股發行股數高

表1 台灣有4檔特別股發行股數小於1億股
——發行低於1億股特別股名單

類型	特別股簡稱（股票代號）	發行股數（千股）	發行價格（元）	參加股利	累積股利	最早買回日
可轉換	光隆甲特（8916A）	18,200	50	否	否	2023.12
	聯合甲特（4129A）	10,000	52	否	否	2024.05
不可轉換	新光金甲特（2888A）	75,000	45	否	否	2026.09
	恒耀甲特（8349A）	10,000	50	否	否	2025.02

資料來源：公開資訊觀測站

於 1 億股，也就是 10 萬張以上，流動性會較佳。目前低於 1 億股的可轉換特別股有光隆甲特（8916A）、聯合甲特（4129A）；不可轉換特別股有新光金甲特（2888A）及恒耀甲特（8349A）。在乎流動性的投資人，要優先避開這 4 檔特別股（詳見表 1）。

2. 同一家發行公司但股利率不同，怎麼選？

有些發行公司會同時發行兩檔特別股，投資人要怎麼選擇呢？評估重點在「約定的股利率」跟「最早買回日」。以國泰金發行的兩檔特別股來觀察（詳見表 2）：

◎國泰特（2882A）：2016 年 12 月發行，前 7 年約定股利率 3.8%，最早買回日 2023 年 12 月。

◎國泰金乙特（2882B）：2018 年 6 月發行，前 7 年約定股利率 3.55%，最早買回日 2025 年 6 月。

假設投資人在 2020 年 10 月進場，已經過了 2020 年配發股利的時間，可以做如下評估：

①若投資國泰特，股利率 3.8%，公司最早可能收回日期為 2023 年 12 月，代表能再領股利的時間只到 2023 年 12 月。

②若投資國泰金乙特，股利率 3.55%，公司最早可能收回日期為 2025 年 6 月，代表能再領股利的時間只到 2025 年 6 月。

如果只想選擇較高股利的特別股，可挑選股利率較高的國泰

表2 國泰金、富邦金分別發行2檔特別股
——國泰金vs.富邦金特別股

特別股簡稱（股票代號）	發行日期	發行前7年股利率（%）	股利差距（百分點）	最早買回日
國泰特（2882A）	2016.12	3.80	0.25	2023.12
國泰金乙特（2882B）	2018.06	3.55		2025.06
富邦特（2881A）	2016.04	4.10	0.50	2023.04
富邦金乙特（2881B）	2018.03	3.60		2025.03

資料來源：公開資訊觀測站

特，或根據目前股價，自行計算並比較兩者的殖利率（非收回年度或收回年度的殖利率都可一併評估）。但是，若不在意股利率的差距，只是想要領取更長時間並累積更多的股利，也可以選擇收回日期較晚，但股利率較低的國泰金乙特。

3. 股利率一定愈高愈好嗎？

特別股不是保證配股利，股利率高並不代表「保證股利率高」；反而有些股利高的特別股，是因為發行公司過去配股利紀錄不良，才需要發行較高股利率的特別股以吸引投資人，因此一定要去觀察該公司過去的配息機率。

觀察台灣目前所有特別股發行公司，過去15年（2005年～2020年）普通股的股利發放紀錄（詳見表3），可以觀察到以下結果：

◎2005年～2020年配息率100%：台泥（1101）、中鋼（2002）、文曄（3036）、大聯大（3702）、中租-KY（5871）、恒耀（8349）、裕融（9941）。

◎2005年～2020年配息率90%～100%：富邦金（2881）、國泰金（2882）、中信金（2891）、光隆（8916）。

◎2005年～2020年配息率80%～90%：王道銀（2897）、聯合（4129）。

◎2005年～2020年配息率低於80%：聯邦銀（2838）、台新金（2887）、新光金（2888）。

表3 近16年來，僅7家公司100%發放股利
——發行特別股公司歷史配息紀錄

股票名稱（股票代號）	2005～2020年股利分配機率（%）	2010～2020年股利分配機率（%）
台　泥（1101）	100	100
中　鋼（2002）	100	100
聯邦銀（2838）	57（有7年沒配息）	100
富邦金（2881）	94（僅1年沒配息）	100
國泰金（2882）	94（僅1年沒配息）	100
台新金（2887）	75（有4年沒配息）	100
新光金（2888）	68（有5年沒配息）	100
中信金（2891）	94（僅1年沒配息）	100
王道銀（2897）	87（僅2年沒配息）	100
文　曄（3036）	100	100
大聯大（3702）	100	100
聯　合（4129）	87（僅2年沒配息）	100
中租-KY（5871）	100	100
恒　耀（8349）	100	100
光　隆（8916）	94（僅1年沒配息）	100
裕　融（9941）	100	100

註：1. 本表年度為股利發放年度，大聯大 2006 年首度配發股利（上市時間 2006 年）；2. 中租 -KY 於 2011 年首度配發股利（興櫃及上市時間為 2011 年）
資料來源：公開資訊觀測站、Goodinfo! 台灣股市資訊網

讀者可以將股利率乘上過去 15 年的股利配發機率，算出「預期股利率」：

預期股利率＝發行股利率 × 歷史股利發放機率

以國泰特股利率 3.8% 為例，預期股利率為 3.57%（＝發行股利率 3.8%× 歷史股利發放機率 94%）。

特別股賺股利，普通股賺價差

穩健的股市投資人，平時通常只投資普通股，如果想增加投資組合的穩定性，也可以靈活運用特別股混搭操作。

我們來看看握有龐大資金的金融機構與退休基金是怎麼做的？它們會同時買進特別股和普通股，並且將特別股定義為「股利型投資」（因為股利穩定且優先配發），對於普通股則視為「波段操作、低買高賣型投資」。

如果股市投資人想要仿效，也可以將投資組合分為兩種用途，一種是賺股利的帳戶，買進特別股收息；另一種是波段操作帳戶，將普通股獲利了結後的資金，反手買進特別股以保住獲利。未來當普通股超跌時，可再賣出股價波動相對小的特別股，並分批把普通股買回來。

兩者混搭操作的優點是，在股市高檔時將資金放在特別股，不但能保留獲利，持有期間還可領取收息現金流，得以持盈保泰。等到市場下跌、適合布局普通股時，也有充足資金可彈性運用，不怕在多頭派對缺席。

多頭時布局可轉換特別股，並依 5 條件挑標的

另外，可轉換特別股由於可等待適合時機將特別股轉換為普通股，提供參與普通股股價上漲的潛在機會，所以在配置上，建議讀者可以選出 1 ～ 2 檔較熟悉的特別股，放入投資組合中，等待多頭市場參與股市漲幅，提升投資組合收益。儘管截至 2020 年，台灣現有的 4 檔可轉換特別股，都還沒有適合轉換的機會，但是讀者可以觀察並等待。

也可以發現，這 4 檔可轉換特別股的含息報酬率，普遍優於不可轉換特別股。以 2019 年來看，可轉換特別股平均含

息報酬率 10.88%（詳見表 4），優於不可轉換特別股平均含息報酬率的 6.17%。如果對可轉換特別股有興趣，可以掌握 2 個訣竅：

1. 股市多頭增加可轉換特別股配置：可於股市多頭時配置，等待可轉換特別股的潛在漲幅。

2. 可轉換與不可轉換特別股混搭：不可轉換特別股選擇較多，但平均報酬較低，可搭配部分可轉換特別股提高收益率。

最後，做個簡單的總結，投資特別股時，可參考以下條件來挑選：

1. 流動性為第一考量：可優先避開發行股數低於 1 億股的特別股，流動性會比較不好。

2. 獲利與配息紀錄良好：過去獲利穩定，且股利配發紀錄良好。

3. 留意「提前收回期間」：目前台股當中的特別股，發行

2019年可轉換特別股含息獲利10.88%
——可轉換特別股2019年含息報酬率

特別股簡稱（股票代碼）	股利率（%）	2019年含息報酬率（%）
中　鋼　特（2002A）	1.40	28.34
王道銀甲特（2897A）	4.25	5.88
光隆甲特（8916A）	5.00	7.96
聯合甲特（4129A）	4.50	1.35
平均漲幅（%）		10.88

公司多有收回權。可留意「最早買回日」，若日期距離現在愈久，代表可領到愈多次股利。

4. 了解股利率：需了解你想投資的特別股，發行時約定的股利率是多少，再以目前股價計算殖利率，了解你未來可以獲得的年報酬率。

5. 累積型優先於非累積型：目前台股當中的特別股，除了中鋼特（2002A）為累積型特別股，其他都是股利不可累積的特別股。

第6篇

買債券ETF 力抗股市空頭

6-1 投資台灣掛牌債券 ETF 輕鬆配置一籃子海外債券

債券 ETF 是由一籃子外幣債券組合而成，不論公司盈虧，債券投資人都會定期收到債券利息。嚮往收息的投資人一定要好好認識債券，債券 ETF 絕對是「穩收息」最不可或缺的收息資產。債券資產有 3 大優勢：

債券資產享 3 大優勢

1. 現金流容易預測，風險相對低

不論公司獲利或虧損，債券 ETF 投資人都會定期收到利息。因為投資人等於是債權人，把錢借給這些公司，因此公司一定要定期繳利息給你。除非公司真的經營不善而付不出錢，導致債券違約，投資人才會收不到利息。而我們可以挑選信用較好

的債券 ETF，降低違約的可能性；如此一來，就能輕易預測每年的現金流，適合需要穩定現金流收息的投資人。

2. 時間管理成本低，賺到時間跟心情自由

債券 ETF 在本質上，波動低於其他風險資產（如股票、期貨、原物料商品……等），也不太需要積極買賣。投資債券 ETF 只需要買進並持有，不需要花太多時間與精神去管理。通常投資債券 ETF，不但能賺到債券利息，也賺到自由與時間。

3. 空頭市場最佳防護傘

債券 ETF 本身也是避險資產，在股市空頭時會成為資金避風港；在股災或是疫情下，債券投資人的資產反而上漲，比一般股票投資人有更多資金可以逢低加碼股市。

2017 年台灣第 1 檔美債 ETF 掛牌上櫃

債券標的以美國公債為第一選擇，因為美國是全球最大經濟體，且政府信用佳，是全球資金的避險首選。過去台灣投資人要買美國公債較為不便，最方便的方式大概只有透過基金公司申購相關基金。不過近幾年，台灣投資人已經能透過便利的管

道投資美國公債了，交易方法就跟買賣股票一樣便利。

2014年金管會推動「金融進口替代政策」，透過法規鬆綁，引導國內金融業將海外投資之資金回流台灣證券市場。2017年1月起，除了繼續停徵公司債、金融債的證交稅，也開放債券 ETF 免徵證券交易稅 10 年優惠（詳見註 1），希望能夠藉此活絡台灣債券市場與債券 ETF 發展。

2017 年 1 月，台灣第 1 檔債券 ETF——元大美債 20 年（00679B）掛牌上櫃，投資標的為美國政府發行的 20 年期以上債券，其後愈來愈多債券 ETF 應運而生。

透過投資債券 ETF，握有龐大資金的壽險公司，以及如你我的一般投資人，都可有效率地投資一籃子債券，並享有低成本優勢。隨著台灣債券 ETF 市場蓬勃發展，截至 2020 年 9 月 22 日，櫃買中心債券 ETF 規模已達新台幣 1 兆 3,000 億元，

註 1：公司債、金融債原本自 2010 年～ 2016 年即享有免證交稅優惠；2016 年 12 月 16 日立法院會三讀通過《證交稅條例修正案》，繼續停徵公司債、金融債證交稅至 2026 年；也增訂停徵以債券為主要投資標的上市及上櫃指數股票型基金的證交稅；亦即截至 2026 年底止，所有債券 ETF 停徵證交稅。

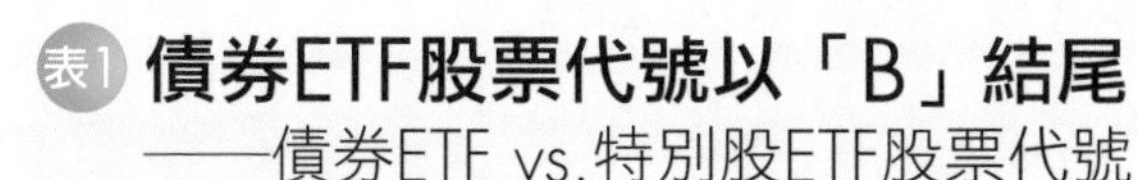

商品（股票代號）		股票代號邏輯
債券ETF	元大美債20年（00679B）	5碼數字＋最後1碼B
	中信高評級公司債（00772B）	
特別股ETF	富邦美國特別股（00717）	5碼數字
	元大US高息特別股（00771）	

台灣債券 ETF 全球排名第 7，亞洲排名第 1。

透過 3 管道搜尋台灣掛牌債券

只要透過台股下單軟體就可以投資債券 ETF，但是很多投資人不知道台灣有哪些債券 ETF 可投資。

首先，可以從股票代號分辨（詳見表 1），債券 ETF 的股票代號共有 6 碼：「前 5 碼數字＋最後一碼 B」（B 代表 Bond 債券）。例如：元大美債 20 年（股票代碼 00679B）、中信高評級公司債（股票代碼 00772B）。

另外，市場上還有一種「特別股 ETF」，這也是一種具備「類債券」特質的收息資產，不過它本質還是股票，所以股票代碼全都是數字，尾數也沒有 B。

如果想要查詢目前台灣市場發行的債券 ETF 基本資料，可以透過證券櫃檯買賣中心（以下簡稱櫃買中心）、台灣證券交易所，以及投信公司網站查詢：

管道 1》櫃買中心網站

在櫃買中心網站（www.tpex.org），可以看到目前掛牌的債券 ETF 列表，以及這些 ETF 的基本資料、歷史成交資訊連結等資訊（查詢方式詳見圖解操作①）。

管道 2》台灣證券交易所網站

在台灣證券交易所網站（www.twse.com.tw），依序選擇「產品與服務」、「ETF」、「ETF 商品資訊」、「國外成分證券 ETF（含連結式 ETF）」，即可看到目前在台灣證券交易所上市的債券 ETF 清單。其中，「證券代號」最後有「B」的

ETF，即屬於債券 ETF；點選欲查詢的 ETF 後，亦可看到其基本資料、歷史成交資訊連結等資料。

管道 3》投信網站

如果有鎖定想要進一步了解的 ETF，可以直接到發行該 ETF 的投信公司網站，幾乎都有「ETF 專區」，在專區中即可找到該檔債券 ETF 的詳細資訊，包括在外流通單位數、基金規模（淨值）、持有標的明細等（查詢方式詳見圖解操作②）。

投資台灣掛牌債券 ETF 可享有 5 大優勢

投資台灣掛牌的債券 ETF 有許多好處，從便利性、買賣成本、配息方式等角度來看，投資人可享有以下 5 大優勢：

1. **免換匯、免開海外帳戶，直接以新台幣交易：**台灣債券 ETF 是以新台幣掛牌在證交所或是櫃買中心（目前皆以櫃買中心為主），跟台股一起買賣。投資人不需要跑到海外開戶或是透過複委託在海外下單，更不需要換匯，節省匯差損失。

2. **低交易成本、低稅負：**投資台灣掛牌債券 ETF 僅需券商手續費，截至 2026 年底，賣出債券 ETF 都不必繳交 0.3% 證交稅，對投資人來說交易成本很低。且海外債券 ETF 的配息屬於境外所得，稅負低，對於長期收息投資人很有投資誘因。

3. 低管理費用：由於台灣掛牌債券 ETF 的主要投資人多為壽險公司，所以規模多有新台幣百億元以上，管理費用、經理費用也比一般主動式債券基金（基金公司自行募集的債券基金）便宜。以元大 AAA 至 A 公司債（00751B）為例，經理費及保管費僅 0.24%，相較於一般主動式海外債券基金至少 1.15% 以上或更高的費率，年年至少可以多收息 0.91 個百分點。

4. 低門檻：台灣掛牌債券 ETF 的發行價格為 20 元或 40 元，最低投資門檻為 1,000 股；換算投資金額，小額投資人只需支付新台幣 2 萬元或 4 萬元，就能輕鬆投資法人等級的一籃子債券收息組合。

5. 配息頻率親民：台灣掛牌債券 ETF，目前有每月、每季、每半年等不同配息機制，適合需要現金流或是規畫被動收入的投資人。投資人可配置不同配息機制的債券 ETF，自行打造月月配息的投資組合。

大部分股市投資人會遇到一個困擾，投資股票並非年年正報酬，有些年度會是負報酬。在負報酬年度，不但資產縮水，也吃掉過去的報酬，時間變成投資的敵人。反觀債券是時間的朋友，債券的配息可以將時間轉化為債息，形成「年年正報酬」、「年年複利」的效果。

想要打造佛系收息組合，讀者可以好好閱讀本書關於債券 ETF 的篇章，債券 ETF 是打造「穩收息」、「佛系收息」投資組合中最不可或缺的重要收息資產。

圖解操作① 查詢債券ETF基本資料

Step1 進入證券櫃檯買賣中心網站（www.tpex.org.tw），依序點選❶「ETF」、❷「債券成分ETF」、❸「商品資訊」，就可以看到目前掛牌的債券ETF列表。點選欲查詢ETF詳細資料的❹連結，此處以元大美債20年（00679B）為例。

Step2 接著，就能看到這檔元大美債20年的商品規格資料。包括這檔ETF的❶「名稱」是元大美國政府20年期（以上）債券證券投資信託基金、❷「證券代號」為00679B、❸「上櫃日期」為2017年1月17日、❹「基金經理公司」為元大證券投資信託股份有限公司。

拉到頁面下方，點選「交易資訊」項下的❺「盤後歷史年成交資訊」。

首頁 > ETF > 債券成分ETF > 商品資訊

▶ 股票ETF獎勵活動專區
▶ 債券ETF獎勵活動專區
▶ ETF簡介
▶ 國內成分證券ETF
▶ 國外成分證券ETF
▼ 債券成分ETF
商品資訊
投資標的信評資訊
▶ 槓桿型及反向型ETF
▶ 期貨ETF
▶ 盤中交易資訊
▶ 當日行情表
▶ ETF外資及陸資持股統計
▶ 歷史行情
▶ 宣導資料

元大美國政府20年期(以上)債券證券投資信託基金

商品規格 | 交易資訊 | 申購買回清單PCF | ETF重大訊息 | ETF基金資訊 | 標的指數資訊

商品規格

❶ 名稱	元大美國政府20年期(以上)債券證券投資信託基金
ETF簡稱	元大美債20年
❷ 證券代號	00679B
ETF類別	國外成分債券ETF
❸ 上櫃日期	2017/1/17
❹ 基金經理公司	元大證券投資信託股份有限公司
標的指數	ICE美國政府20+年期債券指數(ICE U.S. Treasury 20+ Year Bond Index)

交易資訊

- 盤中交易資訊
- 盤中最佳五檔買賣揭示
- 盤後當日交易資料統計
- ❺ 盤後歷史年成交資訊
- 盤後歷史月成交資訊
- 盤後歷史日成交資訊

ETF基金資訊

- 基金基本資料
- 基金每日單位淨資產價值
- 基金每週投資組合內容及比率
- 基金每月持有前五大投資資產及比率網址
- 基金每季持股明細表
- 基金淨值與指數歷史表現比較表

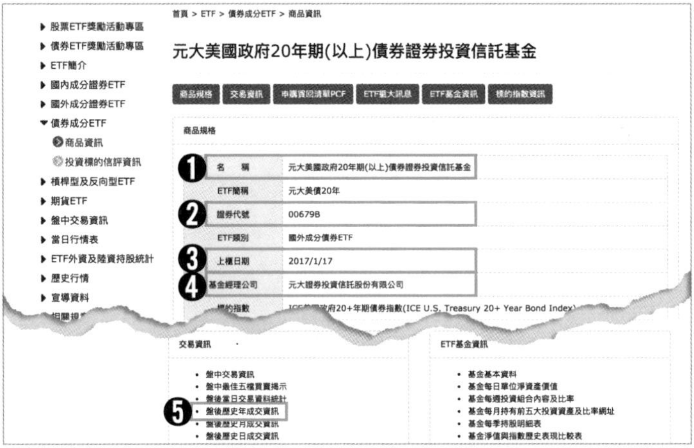

Step3 接著就能看到這檔ETF每年的❶「盤中最高價」、❷「盤中最低價」、成交❸「金額（仟元）」及❹「筆數（仟）」等。

個股年成交資訊

請輸入股票代碼：00679B

近年個股成交資訊(當年度統計至 1091203 止)　**00679B** 元大美債20年　列印/匯出HTML　另存CSV

年度	成交仟股	❸ 金額（仟元）	❹ 筆數（仟）	❶ 盤中最高價	日期	❷ 盤中最低價	日期	平均價
109	547,700	26,591,043	65	54.60	03/09	41.88	01/02	48.55
108	994,901	42,095,579	64	47.88	08/29	37.75	03/04	42.31
107	798,484	29,707,597	20	38.94	01/02	35.40	02/23	37.21
106	485,105	18,918,502	19	40.46	06/29	37.22	03/14	39.00

資料來源：櫃買中心

圖解操作② 查詢債券ETF詳細資料

Step1 此處以中信高評級公司債（00772B）為例，發行機構為中國信託投信。進入中國信託投信官網（www.ctbcinvestments.com.tw），點選上方列表的❶「基金總覽」、❷「ETF」，就能看到中國信託投信所發行的ETF列表。接著，點選❸「中信高評級公司債」。

基金名稱	日期	基金淨值	較前日漲跌	較前日漲跌(%)
中信中國50	2020/12/02	29.76	-0.22 ▼	-0.73 ▼
中信中國50正2	2020/12/02	37.51	-0.71 ▼	-1.86 ▼
中信高評級公司債	2020/12/02	48.1495	-0.2018 ▼	-0.4174 ▼

Step2 在中信高評級公司債ETF的基本資料頁面，就能看到❶「追蹤指數」、❷「基金成立日」、❸「基金規模」、❹費用率……等詳細資料。接著，點選上方列表中的❺「投資組合」。

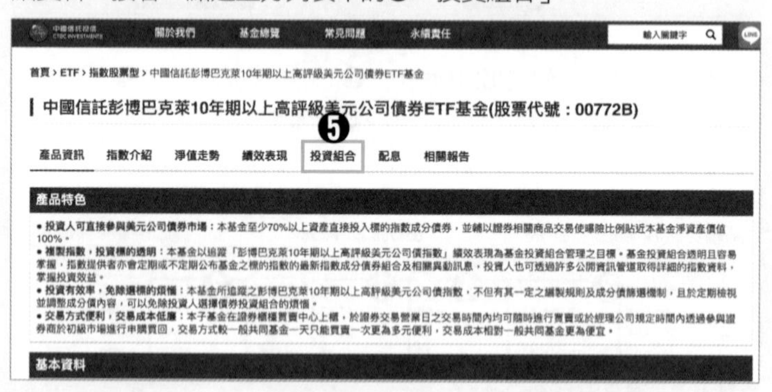

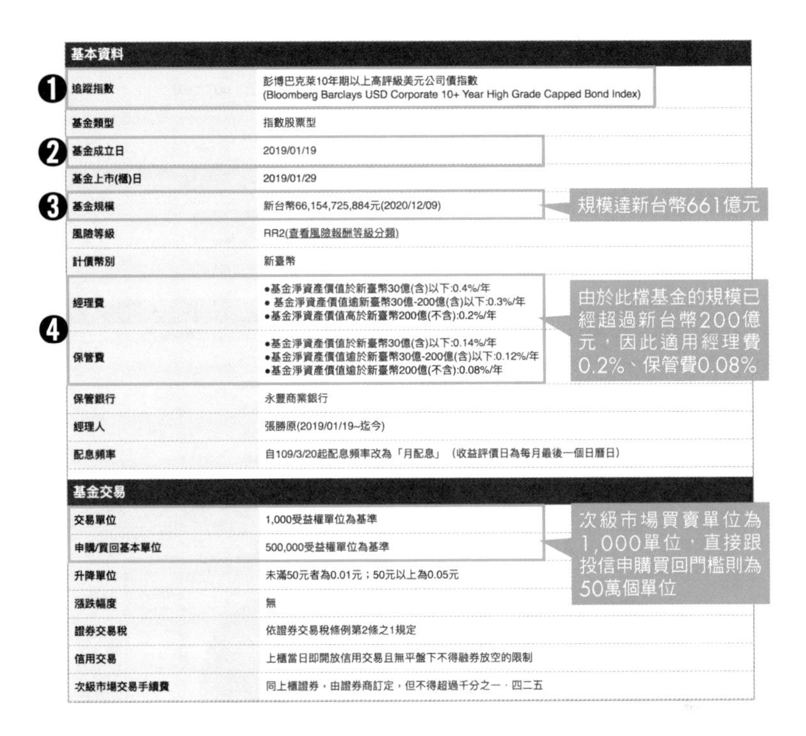

基本資料	
❶ 追蹤指數	彭博巴克萊10年期以上高評級美元公司債指數 (Bloomberg Barclays USD Corporate 10+ Year High Grade Capped Bond Index)
基金類型	指數股票型
❷ 基金成立日	2019/01/19
基金上市(櫃)日	2019/01/29
❸ 基金規模	新台幣66,154,725,884元(2020/12/09)
風險等級	RR2(查看風險報酬等級分類)
計價幣別	新臺幣
❹ 經理費	•基金淨資產價值於新臺幣30億(含)以下:0.4%/年 • 基金淨資產價值逾新臺幣30億-200億(含)以下:0.3%/年 •基金淨資產價值高於新臺幣200億(不含):0.2%/年
保管費	•基金淨資產價值於新臺幣30億(含)以下:0.14%/年 •基金淨資產價值逾於新臺幣30億-200億(含)以下:0.12%/年 •基金淨資產價值逾於新臺幣200億(不含):0.08%/年
保管銀行	永豐商業銀行
經理人	張勝原(2019/01/19~迄今)
配息頻率	自109/3/20起配息頻率改為「月配息」（收益評價日為每月最後一個日曆日）

基金交易	
交易單位	1,000受益權單位為基準
申購/買回基本單位	500,000受益權單位為基準
升降單位	未滿50元者為0.01元；50元以上為0.05元
漲跌幅度	無
證券交易稅	依證券交易稅條例第2條之1規定
信用交易	上櫃當日即開放信用交易且無平盤下不得融券放空的限制
次級市場交易手續費	同上櫃證券，由證券商訂定，但不得超過千分之一．四二五

Step3 在投資組合頁面，可以看到截至最新日期，此檔ETF持有的債券標的等投資組合比重。從❶「國家配置」中，可看到中信高評級公司債ETF投資標的的國家分布以美國為主，❷「信用評等配置」則皆為投資等級。

從「ETF與指數風險特徵比較」中，則可以看到此檔ETF與所追蹤指數的差異。可發現，ETF本身持有的❸債券檔數少於所追蹤指數，且❹「平均最差殖利率」為2.51%，略低於追蹤指數的2.57%。

接續下頁

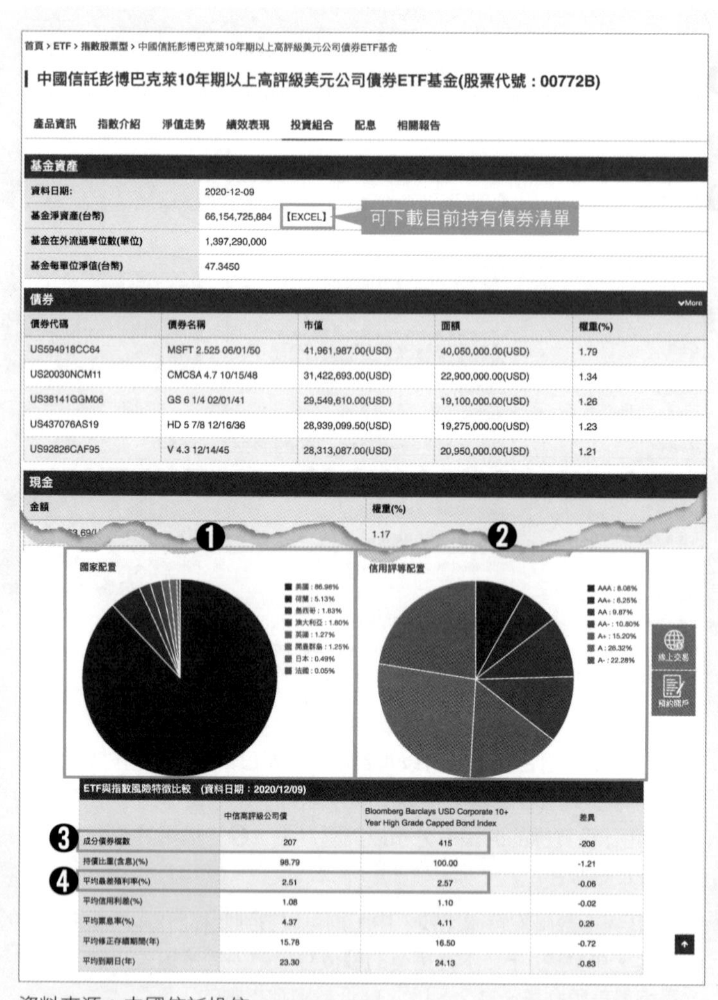

首頁 > ETF > 指數股票型 > 中國信託彭博巴克萊10年期以上高評級美元公司債券ETF基金

中國信託彭博巴克萊10年期以上高評級美元公司債券ETF基金(股票代號：00772B)

產品資訊　指數介紹　淨值走勢　績效表現　投資組合　配息　相關報告

基金資產

資料日期:	2020-12-09
基金淨資產(台幣)	66,154,725,884 【EXCEL】
基金在外流通單位數(單位)	1,397,290,000
基金每單位淨值(台幣)	47.3450

債券

債券代碼	債券名稱	市值	面額	權重(%)
US594918CC64	MSFT 2.525 06/01/50	41,961,987.00(USD)	40,050,000.00(USD)	1.79
US20030NCM11	CMCSA 4.7 10/15/48	31,422,693.00(USD)	22,900,000.00(USD)	1.34
US38141GGM06	GS 6 1/4 02/01/41	29,549,610.00(USD)	19,100,000.00(USD)	1.26
US437076AS19	HD 5 7/8 12/16/36	28,939,099.50(USD)	19,275,000.00(USD)	1.23
US92826CAF95	V 4.3 12/14/45	28,313,087.00(USD)	20,950,000.00(USD)	1.21

現金

金額	權重(%)
[illegible]	1.17

ETF與指數風險特徵比較　(資料日期：2020/12/09)

	中信高評級公司債	Bloomberg Barclays USD Corporate 10+ Year High Grade Capped Bond Index	差異
❸ 成分債券檔數	207	415	-208
持債比重(含息)(%)	98.79	100.00	-1.21
❹ 平均最差殖利率(%)	2.51	2.57	-0.06
平均信用利差(%)	1.08	1.10	-0.02
平均票息率(%)	4.37	4.11	0.26
平均修正存續期間(年)	15.78	16.50	-0.72
平均到期日(年)	23.30	24.13	-0.83

資料來源：中國信託投信

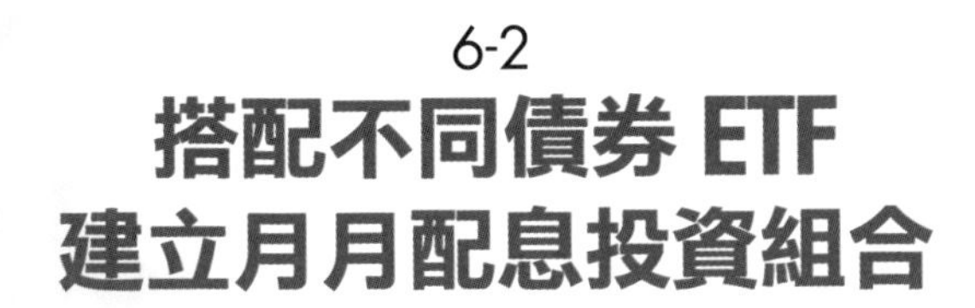

6-2 搭配不同債券 ETF 建立月月配息投資組合

要怎麼在台灣市場買賣掛牌債券 ETF ？由於債券 ETF 都是由投信公司募集資金後上市，因此不管在募集期間（上市前）以及正式上市之後都能交易，交易方式則有一些不同：

交易方式》上市前後略有差異

上市前》募集期間可直接以發行價認購

債券 ETF 募集期間的認購跟一般基金認購相同，投資人可直接與發行 ETF 的各大投信聯繫參與募集，認購價格則為發行價，目前常見的發行價格為 20 元、40 元。

由於債券 ETF 募集的資金是直接創立債券組合，投資人申購的金額將會 100% 認購成功，不須抽籤。認購完成後，等到正式掛牌上市日，投資人就會看到該 ETF 直接出現在自己的集保帳戶。

上市後》散戶可在次級市場交易

1. **小額投資人**：可以透過次級市場買賣。以市場價格進行交易，市場價格可能會高於淨值（溢價）或低於淨值（折價），投資人下單前須觀察折溢價，避免買到高度溢價的債券 ETF。

另外須特別注意，債券 ETF「沒有漲跌幅限制」，掛市價單成交會有高度風險，買賣前須觀察折溢價再買賣。債券 ETF 的基本交易最小單位為 1,000 單位（1,000 股），若發行價格為 40 元，則最小申購金額為 4 萬元（＝ 40 元 ×1,000 單位），交割日與股票同為 T ＋ 2 日（成交後第 2 個交易日交割款項）。

2. **大額投資人**（單筆交易滿 50 萬個單位以上投資人）：可以選擇不透過集中市場，直接與投信以 ETF 淨值申購及贖回，就沒有折價或是溢價問題，也沒有次級市場流動性的問題。交割日為T＋6日以內，可規避次級市場流動性風險及折溢價風險。

買賣成本》海外 ETF 可享稅負優惠

買賣台灣掛牌債券 ETF 的稅負優惠如下：

1. 免徵證券交易稅

債券 ETF 買賣時僅需支付券商手續費 0.1425%，賣出時免徵 0.3% 證券交易稅（免稅至 2026 年）；相較之下，一般股票 ETF 賣出時需要繳交證交稅 0.1%，可見投資台灣掛牌債券 ETF，享有低買賣成本的優勢。

2. 海外債券免徵二代健保補充保費

相較於投資台灣股票或台股 ETF，若單筆股利金額達 2 萬元，都必須扣繳 1.91% 二代健保補充保費（此費率為截至 2020 年制度，未來亦可能調整），投資海外債券 ETF（不含中國債券），則可以享有免扣二代健保補充保費的優勢：

◎海外債券 ETF（非中國債券 ETF）：免扣 1.91% 二代健

保補充保費。

◎海外債券 ETF 標的為中國債券：根據《兩岸人民關係條例》，中國企業或政府發行債券的配息，均被視為境內所得，配息超過 2 萬元需扣繳 1.91% 的二代健保補充保費。

3. 海外債券 ETF 配息及利得視為海外所得

海外債券（不含中國債券）ETF 的配息及賣出的資本利得都視為「海外所得」：

◎個人全年海外所得低於 100 萬元：不需申報、不需繳稅。

◎個人全年海外所得高於 100 萬元：需再加計綜合所得稅淨額、非現金捐贈金額……等 6 項稅基，計算出「基本所得額」，看看是否達到課稅標準：

①基本所得額未達 670 萬元：需申報但不需繳稅。

②基本所得額達 670 萬元以上：需申報也可能需繳稅；超過 670 萬元的部分，以 20% 計算「基本稅額」，若基本稅額高於一般所得稅額，則要繳納高於一般所得稅的差額。

配息觀念》領息前，先建立 2 個基本觀念

台灣債券 ETF 配息是投資人最關心的議題，但有幾點配息注意事項投資人要記在心裡：

基本觀念 1》配息不等於高報酬

「總報酬率＝價差＋配息」。許多人都以為配息愈高愈好，其實這是錯誤的觀念，投資最重要的是看總報酬率；高配息不一定賺到，低配息也不代表低報酬。

以經歷新冠肺炎（COVID-19）疫情的 2020 年 1 ～ 10 月為例，配息率 1.5% 的公債 ETF——元大美債 20 年（00679B），總報酬率為 11%；配息率達 5% 以上的國泰 1-5Y 高收債（00727B），同期總報酬率卻是負 6%

基本觀念 2》債券 ETF 配息不配本金

目前台灣債券 ETF 配息都沒有配到本金，不像高配息的海外基金等商品，配息有一部分可能會來自本金，投資本金被配息吃掉，本金愈來愈少；縱使還是高配息率，但由於本金變少，配息金額一路下降，總報酬率也沒有想像中高。

配息頻率》分為 4 種配發方式

目前債券 ETF 配息分為 4 種配發方式：不配息、季配息、半年配息及月配息。在乎配息頻率的投資人，投資前務必詳閱公開說明書或投信網站，確認配息頻率，才不會買錯標的。

目前大多數台灣掛牌的債券 ETF 都是每季配息 1 次，但依據不同債券及投信公司安排，實際配息時間也略有不同。如果是投資新成立的債券 ETF，要注意 2 件事：

①第 1 次配息時間：基金成立日起滿 180 天內都不會配息，180 天後依配息頻率（每季或半年）才開啟第 1 次配息。

②第 1 次配息金額：基金成立後的第 1 次配息金額有可能高於正常配息，因為包含了成立後 180 天（2 季）未發放的累積利息，但之後就會回復正常。有些投資人會誤用第 1 次的配息金額，去推算後續的每季或每月配息金額，導致高估了未來的配息金額。

債券 ETF 根據配息頻率的不同共分為 4 類（詳見表 1）：

表1 台灣掛牌債券ETF多為季配息
——台灣掛牌債券ETF配息頻率

配息頻率	ETF簡稱（股票代號）
不配息	元大美債20正2（00680L）
	元大美債20反1（00681R）
	國泰20年美債正2（00688L）
	國泰20年美債反1（00689R）
	富邦中政債0-1（00745B）
	FH20年美債（00768B）
	中信美國公債0-1（00864B）
半年配息（人民幣債券ETF）	元大中國債3-5（00721B）
	FH中國政策債（00747B）
	國泰中國政金債5+（00744B）
	凱基中國債3-10（00748B）
	富邦中國政策債（00718B）
	群益中國政金債（00794B）
	中信中國債7-10（00796B）
	台新中國政策債（00843B）
	群益7+中國政金債（00794B）
	永豐7-10年中國債（00838B）
月配息	中信高評級公司債（00772B）
	中信優先金融債（00773B）
季配息	非上述不配息、月配息、半年配息外，都屬於季配息

資料來源：各大投信公司

配息方式 1》不配息

除了因為 ETF 採取不配息政策（例如 FH20 年美債（00768B）於公開說明書載明，將收益全數併入淨值，不另行配息），其餘不配息的債券 ETF，基本上都是屬於槓桿型以及短年期債券 ETF：

①**槓桿型債券 ETF**：包含正向 2 倍或反向等 ETF，是由衍生性商品組成，故這類 ETF 不會配息，目前台灣市場中共有 4 檔：元大美債 20 正 2（00680L）、元大美債 20 反 1（00681R）、國泰 20 年美債正 2（00688L）、國泰 20 年美債反 1（00689R）。

②**短天期債券 ETF**：如短天期的人民幣債券 ETF 與美債。由於短天期債券利率已經很低，配息金額不高，所以 1 年期人民幣債券——富邦中政債 0-1（00745B）、中信美國公債 0-1（00864B）都不配息。

既然不配息，那麼一般想領息的投資人就沒必要投資，唯有 2 種投資人除外：第 1 種是「短期交易投資人」，只看價差決定進場或出場；第 2 種是「高稅率投資人」，這類投資人可能因配息超過免稅門檻而需要繳高額所得稅，若改為投資不配息 ETF 就沒有所得稅的問題。

配息頻率 2》半年配

半年配息債券 ETF 以人民幣債券 ETF 為主，因人民幣債券都是半年配息。

配息頻率 3》季配息

目前台灣市面上債券 ETF，多是每季配息 1 次。事實上，美元債券本身也多為半年配息 1 次；但基金公司成立債券ETF時，為了吸引有配息偏好的投資人，多會將原本應半年配 1 次的利息分為 2 次發放，也成為債券 ETF 最常見的配息模式。

配息頻率 4》月配息

中信投信在 2020 年 3 月，針對中信高評級公司債（00772B）、中信優先金融債（00773B）的配息，由每季配息改為月配息，是目前唯二的月配息債券 ETF。

由前文可得知，台灣債券 ETF 以季配息為最大宗 ，投資人可以透過不同的季配息 ETF，自組「月月配息的債券 ETF 組合」

表2 即使是季配息債券ETF，除息月份皆不同

除息月份（月）	公債	投資等級債	
1、4、7、10	N/A	元大投資級公司債（00720B）、群益10年IG金融債（00724B）、群益15年IG科技債（00723B）、群益15年IG電信債（00722B）	
2、5、8、11（有時2月來不及會延遲至3月）	元大美債20年（00679B）	N/A	
3、6、9、12	N/A	元大AAA-A公司債（00751B）	
2、8（半年配息1次）	N/A	N/A	
每月除息	N/A	中信高評級公司債（00772B）、中信優先金融債（00773B）	

註：配息有時會因投信公司作業時間因素而延遲至下一月份

（詳見表 2）。債券 ETF 除息月份分類如下：

◎除息月份 1、4、7、10 月：債券 ETF 最多的除息月份，因為 6 月、12 月是大多數債券的配息旺季，包含投資級的

——債券ETF除息月份一覽

	新興市場債／人民幣債	高收益債／特別股
	台新JPM新興債（00734B）	國泰1-5Y高收債（00727B）、富邦美國特別股（00717）
	FH新興企業債（00760B）、群益15年EM主權債（00756B）	N/A
	N/A	N/A
	元大中國債3-5（00721B）	N/A
	N/A	N/A

資料來源：各大投信公司

群益 10 年 IG 金融債（00724B）、群益 15 年 IG 科技債（00723B）、元大投資級公司債（00720B）、群益 15 年 IG 電信債（00722B）、台新 JPM 新興債（00734B）、國泰 1-5Y 高收債、富邦美國特別股（00717）。

◎除息月份 2、5、8、11 月：元大美債 20 年、FH 新興企業債（00760B），群益 15 年 EM 主權債（00756B）。

◎除息月份 3、6、9、12 月：元大 AAA-A 公司債（00751B）。

◎除息月份 2、8 月：元大中國債 3-5（00721B），提醒讀者，投資中國債券的配息收益算是境內所得，單筆配息超過新台幣 2 萬元須扣繳二代健保補充保費，也須納入個人綜合所得稅中申報利息所得。

◎每月除息：中信高評級公司債、中信優先金融債。

投資人可在各類除息月份中，挑選不同檔債券 ETF，自組專屬的月月配息投資組合。例如，選擇以下 3 檔季配息的債券 ETF，即可月月領取配息：

◎除息月份 1、4、7、10 月：群益 10 年 IG 金融債。

◎除息月份 2、5、8、11 月：元大美債 20 年。

◎除息月份 3、6、9、12 月：元大 AAA-A 公司債。

投資人也可以搭配月月配息的中信高評級公司債、中信優先金融債，強化每月配息的現金流。

6-3
布局美國公債、投資等級債收息兼避險

目前台灣掛牌債券 ETF 主要投資標的，按計價幣別分為美元計價債券及人民幣債券，以下將針對美元計價的債券 ETF 進一步介紹，共可分為 5 類：

1. 美國公債 ETF：美國公債有不同年期到期日，按天期又可區分為 5 種天期：0～1 年、1～3 年、7～10 年、 20 年以上、25 年。

2. 投資等級債 ETF：分為綜合產業、特定產業共 2 種類型，皆為美元計價。

3. 新興市場債 ETF：分為政府發行的「主權債」、企業發行的「企業債」，共 2 種類型，皆為美元計價。

4. 高收益債 ETF：由一籃子美元計價的「非投資等級債券」

組成。

5. 特別股 ETF：主要由美元計價的「特別股」組成。

接下來將帶讀者一一檢視這 5 類債券 ETF，當你學會掌握各類債券的特性後，就能夠自行挑選適合自己的穩收息債券，還能靈活運用在不同市場情境，賺取債券的資本利得。本文先介紹最有穩收息功能的前 2 類 ETF：

美國公債 ETF》最重要的避險資產

目前美國公債 ETF 分為 5 種天期：0～1 年、1～3 年、7～10 年、20 年以上、25 年（詳見表 1）。其中，0～1 年及 1～3 年屬於短天期；7～10 年公債屬於中天期；20 年與 25 年屬於長天期。

美國公債違約風險低、發行量大且為各國政府的外匯儲備資產，也是最標準的避險資產，主要用來平衡股票的波動風險。

愈長天期的公債，由於債券價格波動較短天期大，避險效果愈好，特別在股票空頭市場裡，長天期公債價格的漲幅可以抵

美國公債ETF可分為短、中、長期
——台灣掛牌美國公債ETF

公債ETF天期		ETF簡稱（股票代號）
短天期	0～1年	群益0-1年美債（00859B）、中信美國公債0-1（00864B）
	1～3年	富邦美債1-3（00694B）、元大美債1-3（00719B）、新光美債1-3（00831B）、永豐1-3年美公債（00856B）、FT1-3年美公債（00868B）、凱基美債1-3（00872B）
中天期	7～10年	富邦美債7-10（00695B）、元大美債7-10（00697B）
長天期	20年	元大美債20年（00679B）、國泰20年美債（00687B）、富邦美債20年（00696B）、FH20年美債（00768B）、中信美國公債20年（00795B）、新光美債20+（00832B）、永豐20年美公債（00857B）
	25年	群益25年美債（00764B）、凱基美債25+（00779B）

資料來源：櫃買中心

銷部分股市的跌幅。但反向來說，若股市大漲或未來升息，愈長天期的公債跌幅也愈重。

投資策略》降息時投資長天期公債可賺價差

在不同市場下如何靈活運用公債 ETF ？在避險氣氛濃厚下或是**中長期降息趨勢，長天期公債 ETF 可以讓投資人不但賺到收息也賺到價差**；但在升息環境或殖利率大幅往上的情況下，建議將長天期公債轉換為短天期公債，保留部分避險功能。

投資等級債 ETF》殖利率優於美國公債

「投資等級債」指的是信用評等 BBB-（含）以上的債券，這類債券信用較好、違約率低，具備收息及部分避險功能。

台灣掛牌的投資等級債（以下簡稱為投等債）ETF 當中，按產業類型又可區分為以下 2 種：

綜合產業型》投資多元產業，主要分為兩種信用評等

由綜合產業的一籃子美元投等債組成，主要可分為 2 種信用評等（詳見表 2）：

1. 信評 AAA ～ A 級債券 ETF：投資標的為信用評等 AAA 級到 A 級債券，又稱為高等級債券或高評等債券。

2. 信評 BBB 級債券 ETF：投資標的為信用評等 BBB+ 級到

 信評AAA～A級又稱為高等級債券
——台灣掛牌綜合產業型投等債ETF

債券信評	ETF簡稱（股票代號）
AAA～A	元大AAA至A公司債（00751B）、中信高評級公司債（00772B）、國泰A級公司債（00761B）、富邦A級公司債（00746B）、凱基AAA至A公司債（00777B）、群益AAA-AA公司債（00754B）、群益A級公司債（00792B）、FH公司債A3（00789B）、永豐10年A公司債（00836B）、凱基AAA-AA公司債（00841B）、統一美債10年Aa-A（00853B）
BBB	元大投資級公司債（00720B）、國泰投資級公司債（00725B）、富邦全球投等債（00740B）、凱基IG精選15+（00840B）、中信投資級公司債（00862B）、FT10-25年公司債（00869B）、凱基BBB公司債15+（00874B）、FH美元信用債1-5Y（00791B）、群益1-5年IG債（00860B）

資料來源：櫃買中心

BBB- 級債券。

兩者差異在於違約率及收息率。根據 1981 年～ 2018 年信評公司標準普爾（S&P）的違約率研究，A 級公司債 15 年累積違約率 1.96%，BBB 級公司債 15 年累積違約率 4.87%；

BBB 級公司債違約率比較高，但相對殖利率較高；AAA ～ A 級公司債違約率比較低，但相對殖利率較低。

投等債 ETF 具備收息兼抗震的功能，若投資人擔心債券違約，就可以選擇高信用評等的 AAA ～ A 級債券 ETF，積極型投資人則可以選擇殖利率較高的 BBB 級債券 ETF。

特定產業型》投資單一產業，金融債最受歡迎

這類型是由單一特定產業投等債組成的 ETF，以金融債最多，科技債次之，電信債再次之；此外還有一些特定產業，如製藥醫療、能源、保險等，但整體而言仍以金融、科技、電信為最大宗（詳見表 3）。

比較綜合產業債與單一產業債的差異，綜合產業可以分散產業風險，單一產業則有特殊機遇與風險。例如在 2020 年新冠肺炎（COVID-19）疫情下，科技業表現優異，但能源債因石油價格重挫，兩種產業債券價格走勢如天壤之別。

一般說來，金融債仍是產業債中最受投資人喜愛的產業，因為金融業的營運風險受到高度管理，風險相對較低。

表3 特定產業投等債ETF，以3產業為大宗
——台灣掛牌特定產業投等債標的

產業	ETF簡稱（股票代號）
金融	群益10年IG金融債（00724B）、中信優先金融債（00773B）、凱基金融債20+（00778B）、國泰A級金融債（00780B）、富邦金融投等債（00785B）、元大10年IG銀行債（00786B）、FH次順位IG金融債（00790B）
科技	群益15年IG科技債（00723B）、凱基科技債10+（00750B）、國泰A級科技債（00781B）
電信	群益15年IG電信債（00722B）、中信全球電信債（00863B）、新光A-BBB電信債（00867B）

資料來源：櫃買中心

投資策略》市場空頭下，收息、抗震表現得宜

我們用 3 檔 ETF——元大美債 20 年（00679B）、中信高評級公司債（00772B）、元大投資級公司債（00720B），分別代表美國長天期公債、AAA ～ A 長天期債券 ETF、BBB 長天期債券 ETF，比較後可以觀察到，在2020年受疫情影響，三者明顯有不同表現：

1. **避險效果**：2020 年 1 月～ 10 月疫情期間含息的「總

報酬率」由高而低分別為：

①代表美國長天期公債 ETF 的元大美債 20 年，總報酬率 11.54%，表現最好。

②代表 AAA ～ A 長天期債券 ETF 的中信高評級公司債，總報酬率 3.97%，表現次之。

③代表 BBB 長天期債券 ETF 的元大投資級公司債，總報酬率 2.42%，表現最差。

2. 殖利率：以年度配息計算殖利率，由高而低分別為：

①代表 BBB 長天期債券 ETF 的元大投資級公司債，年度殖利率 3.56% 居冠。

②代表 AAA ～ A 長天期債券 ETF 的中信高評級公司債，年度殖利率 2.68% 次之。

③代表美國長天期公債 ETF 的元大美債 20 年，年度殖利率僅 1.52% 為最低。

比較過後可以知道，投等債具備收息兼避險的功能，兩檔投等債 ETF 各有 2.6%、3.5% 的殖利率，收息效果優於美國長

表4 投資等級債的殖利率較公債高
——3類避險債券ETF比較

避險效果	長天期公債ETF	AAA～A長天期債券ETF	BBB 長天期債券ETF
資產配置功能	完全避險股票部位	保守收息投資兼中級避險	穩健長期收息兼小避險
範例	元大美債20年（00679B）	中信高評級公司債（00772B）	元大投資級公司債（00720B）
2020年1月～10月含息報酬率	11.54%	3.97%	2.42%
避險效果	高	中	低
殖利率	1.52%	2.68%	3.56%
收息效果	低	中	高

註：資料日期 2020.10.31　　資料來源：各大投信公司

天期公債（詳見表 4）。且以 2020 年而言，即使受到疫情衝擊，仍有正報酬率，展現避險效果；其中 AAA ～ A 級債的避險效果又更勝於 BBB 級債。讀者可以運用不同投等債的特性，按自身需求彈性配置投資組合。

6-4
投資新興債、高收債、特別股 ETF 配息率高但波動較大

延續 6-3 債券 ETF 的介紹，接下來要帶讀者認識另外 3 類債券 ETF：新興市場債 ETF（以下簡稱新興債 ETF）、高收益債 ETF、特別股 ETF。

新興債 ETF》主權債違約率低於企業債

台灣掛牌的新興債 ETF 標的，都是美元計價的新興市場債券，以發行機構類型區分為 2 大類型：一類為新興主權或類主權債券，另一類為新興企業債券（即公司債）。

主權債與企業債的不同之處在於，發行主體如果為新興國家政府，由於政府本身有財政籌資及印鈔能力，違約風險較一般

新興企業民間企業為低，但相對殖利率就比較低。民間企業財務狀況不但受該國經濟影響，也受本身經營能力影響，債券違約可能性較政府主權債高。另外，若看到「類主權債」，代表債券發行機構為新興國家的國營企業。

投資策略》新興貨幣走強時，投資新興債有利可圖

新興債 ETF 的價格漲跌，取決於新興市場的經濟體質。新興市場經濟的體質往往與資金是否持續匯入新興市場高度相關，當美元走弱，新興市場貨幣走強時，往往新興市場債券就會上漲。因此，新興債 ETF 適合投資的時機，在於「資金湧入新興市場且美元走弱」的時候，此時投資新興市場可以賺到價差跟利差。

整體而言，新興債 ETF 屬於積極性債券投資，適合積極收息投資人來收息，避險效果會低於美國公債、投資等級債 ETF。以收息效果而言，新興企業債會優於大於新興主權債；但要特別注意的是，當資金從新興市場撤資時，新興企業債的賣壓會大於主權債。

在台灣掛牌的新興債 ETF 如下（詳見表 1）：

1. 新興主權／類主權債券 ETF：

①短天期主權債券 ETF：中信 EM 主權債 0-5（00849B）。

②中天期主權債券 ETF：台新 JPM 新興債（00734B）。

③長天期主權債券 ETF：群益 15 年 EM 主權債（00756B）、凱基新興債 10+（00749B）、FH 彭博新興債（00711B）、元大 15 年 EM 主權債（00870B）。

2. 新興企業債券 ETF：

①短天期新興企業債券 ETF：凱基新興債 1-5（00873B）。

②長天期新興企業債券 ETF：國泰 5Y+ 新興債（00726B）、FH 新興企業債（00760B）、富邦新興投等債（00845B）。

③長天期亞洲新興債券 ETF：中信新興亞洲債（00848B）。

高收益債 ETF》違約風險較高

高收益債為信用等級在 BB 級以下的債券，又稱為垃圾債；被評等為高收益債券，代表公司獲利及負債比過高，有較高的違約風險。

根據標準普爾（S&P）研究報告，1981 年～ 2018 年投

表1 台灣掛牌新興債ETF共5檔企業債
——台灣掛牌新興債ETF列表

債券類別	天期	ETF簡稱（股票代號）
新興主權債及類主權債	短天期	中信EM主權債0-5（00849B）
	中天期	台新JPM新興債（00734B）
	長天期	FH彭博新興債（00711B）、凱基新興債10+（00749B）、群益15年EM主權債（00756B）、元大15年EM主權債（00870B）
新興企業債	短天期	凱基新興債1-5（00873B）
	長天期	國泰5Y+新興債（00726B）、FH新興企業債（00760B）、富邦新興投等債（00845B）、中信新興亞洲債（00848B）

資等級債（以下簡稱投等債）每年違約率介於 0% ~ 0.42% 之間，然而 1981 年～ 2018 年高收益債券每年違約率介於 0.6% ~ 11%（詳見 2-3 圖 1）。由此可知，在景氣不好的時候，投等債的違約率會微幅上漲，但高收益債在景氣不好的時候違約率卻是 10 倍數成長，由此可看出這兩類債券的特性。

所以在空頭來臨前，要避免持有高收益債，因其債券價格會因空頭下違約率飆升，而使債券價格大幅下跌。

投資策略》多與股市連動，景氣好才適合布局

發行高收益的公司違約機率高於發行投等債的公司，並與股市連動度高，全球經濟走入衰退時或股市空頭時，市場資金將優先拋售體質脆弱的高收益債券。

以 2020 年疫情期間為例，國泰 1-5Y 高收債（00727B）雖然殖利率有 5%，2020 年 1 月至 10 月含息總報酬率卻是為負 6%，同期間的美國公債、投等債、新興市場債 ETF 則都是正報酬（詳見表 2）。

可以觀察出，當經濟情況不好、進入股市空頭、市場情緒悲觀時，資金不願意擁抱高收益債，寧可轉進無風險公債或低違約風險的投等債市場，尋求避風港。此時，高收益債券屢屢被拋售，導致價格下挫。因此股市空頭時，高收益債無法發揮避險功能，還會跟著股市一起沉淪。

但當景氣轉好，企業違約率由高點下降時，此時就是最適合投資高收益債券時機，因為可以用很低廉的價格入手，一嘗高

表2 空頭市場下，高收債往往為負報酬
——2020年1～10月台灣債券ETF含息報酬率

ETF類型	ETF簡稱（股票代號）	殖利率（%）	收盤價（元）	2020年含息報酬率（%）
公債	元大美債20年（00679B）	1.52	46.61	11.54
投資級公司債	中信高評級公司債（00772B）	2.68	48.14	3.97
	元大投資級公司債（00720B）	3.56	44.71	2.42
	群益15年IG科技債（00723B）	2.70	45.13	5.96
	群益15年IG電信債（00722B）	3.39	48.14	3.97
	群益10年IG金融債（00724B）	3.00	43.71	2.84
新興市場債	群益15年EM主權債（00756B）	3.32	48.23	1.51
	FH新興企業債（00760B）	3.89	66.35	-1.11
高收益債	國泰1-5Y高收債（00727B）	5.01	37.35	-6.29
特別股	富邦美國特別股（00717）	5.02	16.32	-12.95

註：資料日期為 2020.10.30　　資料來源：彭博資訊

收益債價格隨股市上漲的甜頭。

台灣掛牌的高收益債券 ETF 僅有 2 檔：國泰 1-5Y 高收債及富邦全球高收債（00741B）。

觀察 2020 年 10 月 30 日的數據，國泰 1-5Y 高收債規模約為新台幣 67 億元，經理費及保管費合計 0.45%；富邦全球高收債規模僅有 6 億元，經理費及保管費合計 0.56%。

債券 ETF 的經理費及保管費，是以規模愈高而逐漸遞減（詳見表 3），兩檔相較之下，前者的費用率比較低；因此有興趣投資高收益債 ETF 的投資人，不妨以國泰 1-5Y 高收債為優先考量。

特別股 ETF》兼具股票、債券特質

特別股又稱為優先股，並具備債券定期配息的特質。會把海外的特別股 ETF 歸類到債券 ETF 這個章節，主要是因為這類商品是投資一籃子美元計價的海外特別股，風險比單純投資台灣公司發行的特別股更為分散，因此可一併與其他債券 ETF 放

表3 債券ETF規模愈大，經理費與保管費愈低
——台灣2檔掛牌高收益債ETF比較

	國泰1-5Y高收債（00727B）	富邦全球高收債（00741B）
成立日期	2018.01.29	2018.05.30
追蹤指數	彭博巴克萊優選短期美元高收債（中國除外）指數	彭博巴克萊優選1-5年高收益（中國除外）債券指數
經理費	規模30億元以下：0.45% 規模逾30億～60億元：0.4% 規模逾60億元：0.35%	規模30億元以下：0.4% 規模逾30億元：0.3%
保管費	規模30億元以下：0.16% 規模逾30億～100億元：0.10% 規模逾100億～200億元：0.08% 規模逾200億元：0.08%	規模30億元以下：0.16% 規模逾30億元～100億元：0.1% 規模逾100億元以上：0.08%
目前規模	67億元	6億元
目前適用費率	經理費：0.35% 保管費：0.10% 合計：0.45%	經理費：0.4% 保管費：0.16% 合計：0.56%

註：資料日期為2020.10.30，經理費與保管費皆以年度計算
資料來源：國泰投信、富邦投信

在一起考量。

前文介紹台灣特別股章節時有介紹過，特別股的股利並非像債券無條件配發，特別股的股利會每年由公司決定是否配發，甚至有可能刪減配息。所以當公司有獲利的時候，特別股會配發約定的高股利；但當公司獲利不好的時候，特別股股利可能就會被刪減，甚至不配發股利。整體而言，特別股有一半股票、一半債券的特質，股價大部分時間與股市同步波動。

投資特別股有 2 種風險：

1. 價格波動風險：特別股的波動較公債、投等債大，需掌握股價高低點的買賣，若對特別股掌握不深的投資人，資金投入比重不能太高。

2. 違約風險：若公司破產，債券投資人可以優先獲得公司清算的殘值；特別股清算的順位在債券後面（普通股的順位又排在特別股之後）。除非債券人可以收回 100% 債券本金，否則單一特別股違約時，本金幾乎完全無法收回，所以要避開有違約疑慮的特別股。

投資策略》與股市高連動，景氣轉好時才適合布局

特別股投資時機與高收益債券非常類似，當景氣不好時，市場會預期特別股股利將被刪減，所以特別股和高收益債一樣會被拋售，使得特別股價格下挫。但當景氣轉好，企業獲利轉為成長，此時就是最適合投資特別股的時機，因為可以用很低廉的價格投資特別股；等景氣真正好轉，特別股股利及股價都會上升，投資人可以賺到高息及價格上漲的部分。

投資特別股要注意，新手一定要先從 ETF 或基金入手。前面提到單一特別股違約時本金幾乎完全無法收回，透過特別股 ETF 可以投資一籃子標的，以免踩到單一特別股違約地雷而重傷。另外，特別股 ETF 占整體投資資產比重應在 10% 以下，可達到分散標的風險，有效提高整體報酬、降低波動。

台股掛牌的美元計價特別股債券 ETF，截至 2020 年僅有 2 檔——富邦美國特別股（00717）、元大 US 高息特別股（00771）。以 2020 年 10 月 30 日數據觀察，富邦美國特別股規模 53 億元，元大 US 高息特別股規模僅有 10 億元，有興趣投資特別股的投資人，應該優先考慮規模較大、流動性較好的富邦美國特別股。

表4 台灣掛牌的海外特別股ETF僅有2檔
——台灣掛牌2檔海外特別股ETF

	富邦美國特別股（00717）	元大US高息特別股（00771）
成立日期	2017.11.13	2019.04.25
追蹤指數	標普美國特別股指數	標普美國高收益特別股指數
目前規模	53億元	10億元
目前適用費率	經理費：0.6% 保管費：0.2% 合計：0.8%	經理費：0.55% 保管費：0.2% 合計：0.75%

註：資料日期為 2020.10.30　資料來源：富邦投信、元大投信

看到這裡，相信讀者對目前台灣市場掛牌的債券 ETF 已經有基本的認識，要選擇哪一檔優先投資，相信也有能力做出正確的判斷。債券 ETF 是「穩收息投資」佛系收息的核心資產，期待讀者可以善用各類債券 ETF 在本身投資組合中，掌握各類債券 ETF 不同的投資時機，建立自己的收息組合以創造穩定的現金流。

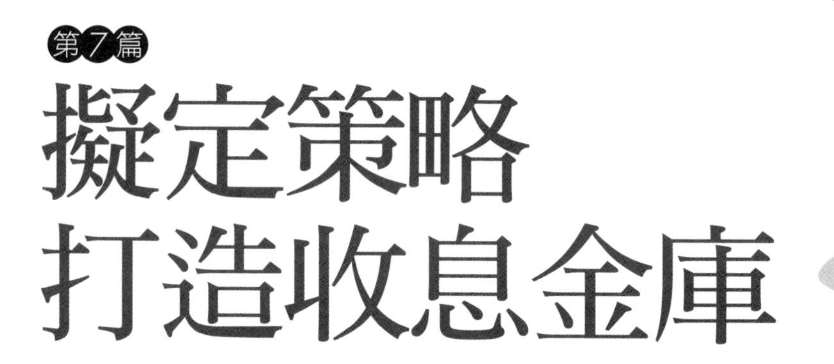

第7篇

擬定策略 打造收息金庫

7-1
新手入門收息投資 循序漸進配置 3 大資產

「債券 ETF、特別股、REITs，要先買哪一種？」這個問題對於想開始收息投資的新手來說是一種困擾，我們可以依據商品難易程度，作為買進先後的排序：

1. **最簡易上手是台灣掛牌 REITs**：投資 REITs 類似買房收租概念，每年股利金額長期穩定，且價格波動低。

2. **第 2 簡單為台灣掛牌特別股**：對存股族來說，特別股應該很好懂，因為同樣都是長期投資股票、領取股利賺被動收入的概念。

3. **最複雜的是債券 ETF**：債券 ETF 種類繁多，且各類商品差異性大，需要多花一點時間理解投資商品。

若是新手讀者，對於收息資產零基礎，建議先從台灣的 REITs 開始，接下來是特別股，最後再著手研究債券 ETF。

REITs 波動低、股利發放穩定，適合新手入門

優先投資 REITs，主要有以下好處：

1. **投資人不需付出過多心力**：REITs 本身已經有專業管理，投資人不需花太多時間自己觀察投資標的，只需要了解不動產標的所坐落的位置，就能知道主要的租金收入來源為何。
2. **價格波動小**：REITs 投資者都是以長期投資人居多，股價波動相對股票低很多。
3. **股利金額容易掌握**：租金都是長期合約，所以每年股利金額變化不大。

最後分享一個投資訣竅——雖然 REITs 的股價波動不高，但在新台幣走強的時候，REITs 價格通常會跟著上揚，因為此時通常房地產相關類股會很強。例如 2019 年 8 月，政府為鼓

勵資金回台，實施《境外資金匯回管理運用及課稅條例》，對於個人或法人將資金匯回台灣提供稅率優惠。新台幣兌 1 美元由 2019 年 8 月的 31.4 元上升到 2020 年 10 月 16 日的 28.97 元（詳見圖 1），同時間台灣的不動產價格也慢慢回升（詳見圖 2）。

而隨著金融市場一體化，愈來愈少金融商品可以不被市場波

圖2 近2年來，台灣房價指數逐漸攀高

——信義房價指數（台灣）

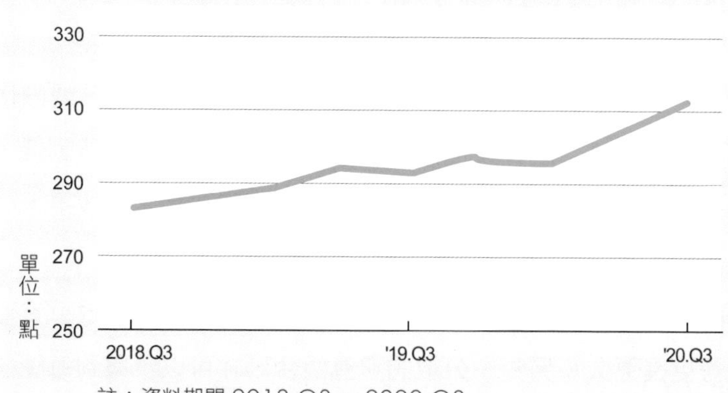

註：資料期間 2018.Q3 ～ 2020.Q3
資料來源：信義房屋

動所影響。3 大收息資產當中，台灣 REITs 是目前受金融市場影響最低的資產，主要原因有 3：

1. 台灣 REITs 股利長期穩定，連金融風暴期間，股利皆依舊如常發放。

2. 不動產與金融市場的關聯性，較其他金融商品更低。

3. 在本質上，不動產也是經由長期投資而能累積可觀報酬的資產。

對投資商品有足夠了解，才能抱得長久

許多收息新手都想問，「每種收息資產都要擁有嗎？或該以哪一種為主？」能長久抱住收息資產的關鍵在於價格波動低，透過適當分散，可以產生降低投資組合整體波動度的效果。

整體波動度愈低，有助於投資人心情穩定，可以將收息資產抱得更長更久；另外，分散的資產組合，才可以參與到每種收息資產的市場機會，並且提升收息報酬率。

依據商品標的幣別來分類：台灣 REITs、台灣公司發行的特別股為新台幣；台灣掛牌的海外債券 ETF，以美元計價為主，這些美元資產就要承擔美元兌新台幣匯率的波動。若僅持有單一幣別的資產，當匯率出現明顯波動，資產帳面價值也會受到影響；若能同時持有，就會產生平衡效果，避免情緒受到影響。

本文開頭提過，3 大收息資產以 REITs 最簡單，再來是特別股，最複雜是債券 ETF；建議讀者可以慢慢將 3 大資產完整配

置，並依據對各類產品的了解程度及風險承受程度，自由組合出專屬自己的收息組合與各類資產的比重。如果對特定商品特別了解，就可以加重該資產在投資組合裡的比重。因為只有投資人自己對該產品愈了解，愈可以「抱得住」，也愈容易真正「實踐長期收息」。

另外，大部分的退休族都希望退休生活可以到處遊山玩水，盡情享受，不需再為投資操煩，因此退休族非常適合將大部分資產放在收息資產，定期領取固定的現金流，支應退休生活的花費。

至於資產配置金額與比重，也是得根據個人風險承受度，或對各類收息資產的投資認知及信心而定。曾經有男性讀者寫信給 MissQ，他的母親是退休族，原先退休金是 100% 定存，但他想幫母親的退休金 100% 投入收息資產；最後他的母親還是選擇只配置 30% 在收息資產，其餘 70% 仍維持定存，因為他母親不熟悉收息資產與市場變化，對於定存還是比較放心，也明確知道可以拿回的本金與利息。

這個例子告訴我們，投資的配置來自對該資產的信心，雖然兒子對收息資產有信心，但母親並沒有相同的信心。這沒有絕對的對錯，不過我仍然建議即將退休或是退休族，如果想要增加報酬以及收息金額，適當的配置收息資產是有相當幫助的；一開始不了解沒關係，可以先慢慢認識，等漸漸熟悉之後，再逐步加碼部位。

投資成功最重要的關鍵，在於對商品夠了解，並且確實長期投資，「信心＋時間」是收息資產投資成功的基石。

定期觀察股債匯關鍵指標，初步掌握投資趨勢

收息商品的走勢，跟利率、總體經濟高度相關，跟個股財報相關性較少。一般投資人入門的障礙，是因為收息商品的投資邏輯與趨勢觀察的重點與一般股票不同，會有範圍太大、不知從何學起的困擾。

在這裡建議大家觀察幾項主要指標，因股市、債市、匯市都是相互影響，所以我是每週觀察美元、歐元、人民幣等幣別的股債匯各項指標，並製表記錄（詳見表 1）；但最後的主軸，還是落在公債利率上，因公債利率是決定收息商品評價最主要

的因素，公債利率持續走低，收息資產價值會節節高升。

1. 美元股債匯觀察指標：

①匯率：美元指數（DXY）。

②股票：美國道瓊工業平均指數。

③利率：基準利率——美國 Fed 利率、短期利率——3 個月 Libor（倫敦同業拆放利率）、公債殖利率——美國 5 年期公債殖利率、美國 10 年期公債殖利率、美國 30 年期公債殖利率。

2. 歐元股債匯觀察指標：

①匯率：歐元兌美元。

②股票：德國股市。

③利率：公債殖利率——德國 10 年期公債殖利率、義大利 10 年期公債殖利率。

3. 人民幣股債匯觀察指標：

①匯率：美元兌人民幣。

②股票：上證指數。

③利率：基準利率——中國大型銀行存款準備率、公債殖利

表1 每週記錄指標變化，以利掌握總經趨勢

名稱	收盤價	上週變化	2020年累積漲跌
美國股債匯			
美元指數（DXY）	93.06	-0.84%	-3.46%
道瓊指數	28,587	3.27%	0.17%
美國Fed利率	0.25%	不變	↓150 bps
3個月Libor	0.22%	↓1 bps	↓169 bps
美國5年期公債殖利率	0.34%	↑5 bps	↓135 bps
美國10年期公債殖利率	0.77%	↑7 bps	↓114 bps
美國30年期公債殖利率	1.57%	↑8 bps	↓82 bps
歐洲股債匯			
歐元兑美元	1.1826	EUR升值0.94%	EUR升值5.47%
德國股市	13,051	2.85%	-1.49%
德國10年期公債殖利率	-0.52%	↑1 bps	↓34 bps
義大利10年期公債殖利率	0.72%	↓6 bps	↓69 bps

註：1. 資料日期為 2020.10.02 ~ 2020.10.09 美股收盤時間；2.bp =

率——中國 10 年期國債殖利率。

4. 新台幣股債匯觀察指標：

——全球主要市場股債匯觀察範例

名稱	收盤價	上週變化	2020年累積漲跌
避險指數			
黃金	1,930.4	1.61%	27.23%
美元兑日圓	105.62	JPY貶值0.31%	JPY升值2.75%
中國股債匯			
中國大型銀行存款準備率	12.5%	不變	↓50 bps
中國10年期國債殖利率	3.19%	↑5 bps	↑5 bps
美元兑人民幣	6.6878	CNH升值0.98%	CNH升值3.93%
上證指數	3,272	1.68%	7.28%
台灣股債匯			
台灣重貼現率	1.125%	不變	↓25 bps
台灣10年期公債殖利率	0.35%	↓5 bps	↓32 bps
美元兑新台幣	28.966	TWD升值0.55%	TWD升值3.79%
台股加權指數	12,887	2.97%	7.42%

0.01%　　資料來源：彭博資訊

①匯率：美元兑新台幣。

②股票：台股加權指數。

③利率：基準利率——台灣重貼現率、公債殖利率——台灣

10 年期公債殖利率。

累積知識＋實戰經驗，才能提升投資技巧

在建立起觀察上述各項指標的習慣後，接下來要如何精通收息資產？至少要投入 1 年的時間深入學習，建立扎實的基本功，同時搭配實戰，讓投資技巧更加純熟。

總體經濟

收息資產與利率循環高度相關，而利率循環的主軸會回到各國總體經濟的表現。

如果是投資美元收息商品，將會以美國總體經濟表現及利率趨勢為依歸；投資新台幣收息商品，將會以台灣總體經濟表現及利率趨勢為依歸；投資人民幣收息商品，將會以中國總體經濟及利率趨勢為依歸。

總體經濟的觀察指標，主要包含 GDP（經濟成長率）、就業、通膨（物價變化）、金融市場、各國央行政策方向等，建議讀者可以先鎖定這幾類相關的經濟指標，觀察整體利率循環

的位置。

實戰經驗

建議讀者專心以 1 年的時間深入學習收息商品，並實際投資收息商品，累積多次除息、配息經驗；同時，要學會觀察市場上各種可能影響收息資產價格的因素，不論是升降息、聯準會開會、中美貿易戰、美國選舉等，習慣收息資產的波動變化，訓練自己找出「在不同市場情境下，收息投資的增值機會」。**養成收息投資習慣，並將這套投資模式內化成自己的能力**，找出成功收息密碼，那麼就有機會贏在退休之前，提早達成財務自由。

7-2
存股族配置長天期公債 降低整體資產波動

若投資部位 100% 為股票，且股票標的波動較大，投資部位會隨著整體金融市場表現而起伏，建議投資人可以配置部分收息商品如美國公債、投資等級公司債，作為空頭時避險部位，並提供空頭來臨時的現金流，增強投資組合的抗跌能力。

以 2020 年第 1 季新冠肺炎（COVID-19）疫情為例，當時道瓊指數下跌 24%，美國長天期公債則是大漲 23%（詳見表 1）；如果資產當中有配置美國長天期公債，就可以抵銷股市的大部分跌幅。換句話說，配置一定比率的長天期公債，可以增強股票資產的防禦能力；或是配置中短天期公債，在空頭時也能有 7% 漲幅；即使是公司債，同期跌幅也僅有 4%。這些收息資產，特別是美國公債，將可以有效降低整體投資組合

表1 2020年Q1疫情下，美國公債明顯抗跌

2020年Q1股市表現

股價指數名稱	報酬率（%）
中國上證指數	-10
香港恒生指數	-17
台灣加權股價指數	-19
日經225指數	-18
道瓊工業平均指數	-24
泰國指數	-29
巴西指數	-38

2020年Q1債市表現

債券ETF名稱	報酬率（%）
美國長天期公債ETF（美股VGLT）	23
美國中短天期公債ETF（美股VGIT）	7
美國短天期公司債ETF（美股VCIT）	-5
美國長天期公司債ETF（美股VCLT）	-4
新興市場債（美股EMB）	-14
高收益債券（美股HYG）	-11
特別股（美股PFF）	-15

資料來源：彭博資訊、Stock-ai

的波動度，甚至可以讓投資人在空頭時賣出，作為加碼股市的現金。

依年齡、資產部位、風險程度決定配置比重

「如果我同時有股票，這類穩定收息的產品，要配置多少比重？」收息產品的比重配置，也是大部分讀者會困惑的問題。坊間流傳一種說法：

◎股債配置比重：

①收息資產比重＝你的年紀。

②風險資產比重＝ 100% 減去你的年紀。

舉例來說，如果是 40 歲的投資人，收息資產應該占投資組合的 40%，風險資產（例如股票）應該占 60%。但這是最普遍的配置方法，並不是每個人都一定要遵守這樣的配置，可依照下列因素做彈性配置：

1. 依每個人資產情況：通常總資產的部位愈高，收息部位愈高。

2. 風險承受程度：如果對風險資產價格承受度不高，可以考慮增加收息資產比重。

3. 對個別風險資產、收息資產的了解程度：若對收息資產了解程度深入，可提升收息資產投資比重；反之，對風險資產有深入了解，就可以提升風險資產比重，降低收息資產比重。

4. 持有股票標的波動較大，必須適當配置公債、投資等級公司債作為股票的避險部位：配置適當的公債部位，可以增強投資組合在空頭下的抗跌能力。

投資穩收息資產，不適合過度分散投入時機

很多投資人很好奇，穩定收息的產品適合一次買進或是定期定額？最佳答案是：「設定一段期間，以 1 年或半年分批買進。」如果手邊沒有單筆可投入的資金，那就定期定額買進。原因如下：

1. 價格波動低，成本降低效果差

分散買進的最大優點是為了分攤買進成本，不過收息資產的

波動很低，分散太多次買進，拉低價格的效果不大。

以中信高評級公司債（00772B）這檔 ETF 為例，2020 年起至 9 月 30 日，總交易天數 182 天，這段期間的股價每日漲跌統計如下：

1. 單日漲跌幅小於正負 1%，共有 148 天，占總天數 81.32%。
2. 單日漲跌幅正負 1%～ 2%，共有 19 天，占總天數 10.44%。
3. 單日漲跌幅大於正負 2%，共有 15 天，占總天數 8.24%（但其中 13 天為 2020 年 3 月新冠肺炎疫情衝擊股市最劇烈時期）。

整體而言，平均每日漲跌幅為 0.03%，平均每日漲跌幅金額為 0.009 元。

2. 愈晚投入，少賺愈多利息

收息資產本身會累積利息，投資成本會愈降愈低，如果已有一筆閒置資金可投資，卻為了分散投資而拉長投入時間，那麼愈晚買，少賺到的利息愈多。

以中信高評級公司債為例，2020 年 9 月底殖利率 2.58%，換算成月殖利率為 0.21%。假設以 2020 年 10 月 16 日股價 49.7 元試算，投資 1 年後，淨值可以累積 1.28 元利息，那麼投資人的實際成本會降至 48.4 元。換句話說，投資人若希望在未來 1 年分批買進的股價比現在更低，必須確保 1 年後債券殖利率比現在高出許多，讓 ETF 價格下跌得比 48.4 元更低，這樣分散到 1 年後買才有意義。

長天期債避險效果較短天期債佳

股票族如果想搭配債券來降低資產波動，應該要投資長天期或是短天期債券？先牢記一個觀念——同樣是債券，當利率出現變化時，長天期債會比短天期債的漲跌幅度更大。

舉例來說，利率下跌時，手上有 5 年期債券跟 10 年期債券，10 年期債券可以在未來 10 年領取配息，相對 5 年期債券只能在未來 5 年領取配息，會使得 10 年期債券優先受資金追逐；所以在降息過程中，長天期債的價格，一定會比短天期債的價

表2 長天期收息資產漲跌幅，高於短天期

——長短天期收息資產比較

利率趨勢	天期與價格漲跌比較
當利率下跌時	天期愈長的收息資產，價格上漲愈多 天期愈短的收息資產，價格上漲愈少
當利率上升時	天期愈長的收息資產，價格下跌愈多 天期愈短的收息資產，價格下跌愈少

格上漲的更多（詳見表2），可見長天期債券的避險效果比較好，所以建議股票族可以優先運用長天期債券作為避險工具。

如果年紀輕，例如30歲的投資人，可以配置天期較長的收息商品，像是長天期債券ETF等，利用長時間累積收息利滾利，會有很大複利效果。但若是退休族，則建議買波動更低的收息商品，就不需要對價格波動感到傷神，盡情享受佛系收息，享受輕鬆退休人生。

說來很懸，每個人心中想要的「理想」資產配置都天差地遠，有些投資人追求帳面一直處於獲利，有些投資人只想長期維持固定資產配置，能夠長期領利息就好。還是要再三強調，時間是收息資產的朋友，若能建立適合自己「自動生息的投資組合（用收息資產生收息，再用收息生股或債）」，等於有一個分身幫你日日印鈔票。

但為何要提到適合自己呢？因收息關鍵在長期，找到適合自己的投資組合才能長期 Hold 住投資，賺到一大段累積配息。投資人就可以笑到最後，實現長期利滾利！

7-3
掌握5關鍵＋4策略 走上收息投資成功道路

說實話，並不是每個接觸收息投資的人，都能走上成功收息的道路；有些是不滿意收息資產的報酬率，有些是覺得波動太小不夠刺激，投資到一半就選擇放棄；有些則是自認掌握循環週期，打算短線操作，卻往往適得其反。要能真正成為一個成功的收息投資人，有幾個關鍵：

留意5關鍵增加收息投資總報酬

關鍵1》投資時間愈長，總報酬率愈高

成功收息投資最關鍵的是投資時間長度，時間愈長，累積的報酬會愈高。雖然收息資產的波動很小，但年年穩定配息，再加上累積的價差，長期報酬卻是非常可觀。

長期收息成功關鍵＝長期累積收息＋長期累積價差。

常常有些投資人會因為收息商品波動小，投資沒多久若遇到價格突然上漲，就無法抵抗「獲利入袋」的誘惑，急忙了結手中部位，打算等下跌再買回。這樣的短期操作，若扣除買賣成本，報酬往往比不上長期持有。收息資產的精髓就是用時間賺錢，只有長期持有，才能享盡收息的好處。

關鍵 2》理解收息商品本質

收息資產本質各有不同，走勢也不同，許多投資人常常將各種不同債券混為一談，導致買到錯誤的商品。這是因為沒有花時間理解各類收息商品的特質，所以常常會選到看起來配息率最高的收息商品，又誤以為波動風險跟配息率最低的公債一樣小，但現實上卻是各類商品有不同的走勢與波動。

以債券 ETF 來說，違約風險最低的公債 ETF 與違約風險最高的高收益債 ETF，在疫情下的表現卻是截然不同。2020 年第 1 季美國長天期公債 ETF 配息率雖然低，僅有 1.4%，但價格是大漲 21%；高收益債 ETF 配息率雖可以到 5%，但當時價格卻是重挫 11%。

關鍵 3》認識收息資產的天期及對利率的敏感度

長天期公債的價格波動，遠高於短天期公債的價格波動，因此認識收息資產的天期是很重要的一件事，掌握天期就可以預知價格波動。有些 ETF 只看名稱，可能看不出主要是投資在哪類天期的標的，建議要先檢視發行公司的官網介紹，或閱讀公開說明書。例如債券 ETF，可以了解它追蹤的指數、看看它主要投資哪種天期的債券，通常都能很快找到答案。

以台灣掛牌的美國公債 ETF 為例，天期就區分為 1 ～ 3 年、3 ～ 7 年、20 年以上，這比較簡單，從名稱就能看出這檔 ETF 的天期。

至於投資等級債 ETF，天期大多是 20 年以上；高收益債券 ETF 則多投資 5 年以下的債券；台灣公司發行的特別股，多在發行後 5 ～ 7 年，發行機構可以提前買回，所以投資天期僅到最早買回日。至於台灣掛牌的 REITs，旗下資產為不動產，投資天期多為 20 年以上。

要謹記，商品天期愈長，收息天期愈長；相對地，對於利率敏感度也會愈高。利率敏感度愈高，代表價格波動愈高。

關鍵 4》適度分散收息商品

許多成功的收息投資人，能夠抱得久的關鍵在於資產本身的價格波動低，可以省去不必要的擔憂。若能夠在挑選收息資產時，適當分散到不同類型，更能進一步降低投資組合的整體波動度；整體波動度愈低，愈能幫助投資人將收息商品抱得更長更久。

關鍵 5》了解自身對波動的忍受度及現金流期限的需求

天期愈長的收息商品，價格波動愈大，漲跌幅愈高，但也提供愈長確定時間的配息現金流。想知道自己適合投資哪一類天期的收息商品，需要每一位讀者檢視本身條件，包括年齡、對於價格波動的忍受程度、收息天期需求、對應的退休期限等，才能配置出適合自己的收息資產組合。

善用 4 策略打造理想投資組合

過去許多投資人對於收息資產資訊的不足，以致集中風險投資在股票商品上，形成錯誤的資產配置，股票報酬率甚至有時會低於收息資產報酬率。當我們了解收息資產的特性，就能善用以下策略，打造出具有長期現金流、保本、資產長期成長的理想投資方式：

策略 1》用錢賺錢，打造現金流的祕密

收息資產長期以來是專業法人與有錢人的主要投資工具，因收息資產的高利差特性，能創造「錢滾錢」的機遇。小散戶也可以學法人和有錢人投資，善用本書掌握投資技巧，利用收息資產打造用錢賺錢的機器，日積月累地將資產池擴大再擴大。

策略 2》用收息資產的孳息及報酬轉投資風險性資產

優先投資收息資產，再運用收息資產的孳息及報酬轉投資風險性資產，打造股息生股的策略。這個策略的優點是，資產組合會形成一個保本策略，特別適合追求保本的投資人，形成保本策略資產只升不跌，不會發生投資做白工的悲劇，讓資產慢慢往財富自由目標前進。

策略 3》掌握利率循環景氣位置，賺盡每次資產行情

利率循環每 5 ～ 7 年有一次行情，讀者若能掌握利率循環特性，就能在適當時機點布局即將增值的資產。例如，在利率走低前布局收息資產，等利率反轉向上時（景氣由衰退轉為成長）布局價格被低估的股票（包含特別股），就能在景氣循環

中抓住資產價值的起漲點，賺盡每次利率循環的資產行情。

一般投資人的障礙是，無法看清總體經濟利率循環當下的景氣位置，對景氣衰退沒有警覺，或是對景氣復甦太過遲鈍；但若能熟悉利率循環，就能在各類商品的投資時點上游刃有餘，靈活運用。

策略 4》精通收息投資，打造邁向財務自由路上的絕招

MissQ 看到有些投資人學習多種投資方法，從當沖、技術分析、基本分析、籌碼分析、存股、波段操作、總體經濟、債券分析到財報分析等。其實，如果資本不夠大，很難在投資組合裡面一次使用這麼多種投資方法。

常常也看到投資人剛開始投資先用 A 方法，打算達成財務自由後再使用 B 方法，或在短期間內持續更換不同方法……往往花費多年時間，卻沒有成功讓資產成長。其實投資方法貴精不貴多，只要精通一種投資方法，運用到極致，就算只有一招，也可以成為人生投資路上的絕招。鼓勵讀者培養自己收息的投資組合，投入時間並練成投資絕招，一定能夠在退休之前打開財務自由大門。

國家圖書館出版品預行編目資料

學會穩收息 養出我的搖錢樹：比存股簡單、比0050穩健，年年賺進穩定現金流 / MissQ著. -- 一版. -- 臺北市：Smart智富文化, 城邦文化事業股份有限公司，2021.01
面；　公分
ISBN 978-986-98797-9-8(平裝)

1.股票投資 2.投資分析 3.投資技術 4.個人理財

563.53　　109019593

Smart 智富

學會穩收息 養出我的搖錢樹

作者　MissQ
企畫　黃嫈琪

商周集團
榮譽發行人　金惟純
執行長　郭奕伶
總經理　朱紀中

Smart 智富
社長　林正峰（兼總編輯）
副總監　楊巧鈴
編輯　邱慧真、胡定豪、施茵曼、陳婕妤、陳婉庭、劉鈺雯
資深主任設計　張麗珍
版面構成　林美玲、廖洲文、廖彥嘉

出版　Smart 智富
地址　104 台北市中山區民生東路二段 141 號 4 樓
網站　smart.businessweekly.com.tw
客戶服務專線　（02）2510-8888
客戶服務傳真　（02）2503-5868
發行　英屬蓋曼群島商家庭傳媒股份有限公司城邦分公司

製版印刷　科樂印刷事業股份有限公司
初版一刷　2021 年 1 月
初版二刷　2021 年 2 月
ISBN　978-986-98797-9-8

定價 350 元

讀者服務卡

WBSI0099A1
《學會穩收息 養出我的搖錢樹》

為了提供您更優質的服務，《Smart 智富》會不定期提供您最新的出版訊息、優惠通知及活動消息。請您提起筆來，馬上填寫本回函！填寫完畢後，免貼郵票，請直接寄回本公司或傳真回覆。Smart 傳真專線：（02）2500-1956

1. 您若同意 Smart 智富透過電子郵件，提供最新的活動訊息與出版品介紹，請留下電子郵件信箱：

2. 您購買本書的地點為：□超商，例：7-11、全家
□連鎖書店，例：金石堂、誠品
□網路書店，例：博客來、金石堂網路書店
□量販店，例：家樂福、大潤發、愛買
□一般書店

3. 您最常閱讀 Smart 智富哪一種出版品？
□ Smart 智富月刊（每月 1 日出刊）　□ Smart 叢書　□ Smart DVD

4. 您有參加過 Smart 智富的實體活動課程嗎？　□有參加　□沒興趣　□考慮中
或對課程活動有任何建議或需要改進事宜：

5. 您希望加強對何種投資理財工具做更深入的了解？
□現股交易　□當沖　□期貨　□權證　□選擇權　□房地產
□海外基金　□國內基金　□其他：

6. 對本書內容、編排或其他產品、活動，有需要改善的事項，歡迎告訴我們，如希望 Smart 提供其他新的服務，也請讓我們知道：

您的基本資料：（請詳細填寫下列基本資料，本刊對個人資料均予保密，謝謝）

姓名：　性別：□男　□女

出生年份：　聯絡電話：

通訊地址：

從事產業：□軍人　□公教　□農業　□傳產業　□科技業　□服務業　□自營商　□家管

您也可以掃描右方 QR Code、回傳電子表單，提供您寶貴的意見。

想知道 Smart 智富各項課程最新消息，快加入 Smart 課程好學 Line@。

●填寫完畢後請沿著右側的虛線撕下。

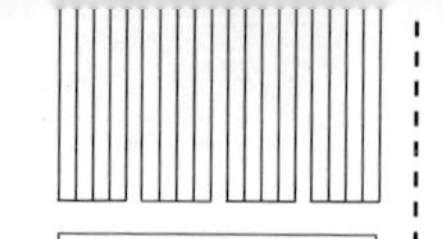

104 台北市民生東路 2 段 141 號 4 樓

廣 告 回 函
台灣北區郵政管理局登記證
台北廣字第 000791 號

免 貼 郵 票

行銷部 收

●填寫完畢後請沿著左側的虛線撕下。

●請沿著虛線對摺，謝謝。

書號：WBSI0099A1
書名：學會穩收息 養出我的搖錢樹